TINA GERSTUNG

HERZSTÜCKE IN BERLIN

BESONDERES ABSEITS DER BEKANNTEN WEGE ENTDECKEN

BRUCKMANN

LIEBE LESERIN, LIEBER LESER,

Es muss Ihnen sicher keiner mehr erklären, wie riesig, vielseitig und aufregend Berlin ist. Ein Leben würde vermutlich gar nicht ausreichen, um alles zu sehen, was diese Stadt zu bieten hat. Entdecken Sie mit diesem Buch ein Berlin, wie Sie es noch nicht kennen. Ein Berlin fernab der allseits bekannten Sehenswürdigkeiten wie dem Brandenburger Tor, dem Fernsehturm am Alexanderplatz oder dem Zoologischen Garten. Lesen Sie von 100 Orten, die man seinen Freunden und Lieblingsnachbarn gerne als Tipp fürs Wochenende mit auf den Weg geben möchte. Jeder dieser Orte zeigt unbekannte und gleichzeitig typische Seiten der deutschen Hauptstadt.

Viel Spaß beim Entdecken!

IMMER EINE SÜNDE WERT!

MEINE LIEBLINGSADRESSEN ZUM ESSEN, TRINKEN UND EINKAUFEN

01 EINKAUFEN IM MINI-KAUFHAUS

Der Flohmarkt, auf den Sie nicht bis zum Wochenende warten müssen und dem auch schlechtes Wetter nichts anhaben kann: Das Secondhand-Mini-Kaufhaus Meyer im Ortsteil Wedding bietet Ihnen alles, vom antiken Möbelstück über den Kühlschrank mit Gefrierfach bis hin zur wertvollen Vase oder zum Perserteppich.

Ein Trödel ganz nach unserem Geschmack: Im Mini-Kaufhaus Meyer können Sie nach Herzenslust stöbern und echte Schnäppchen entdecken.

Anders als auf dem Flohmarkt am Mauerpark oder etwa dem am Boxhagener Platz drängeln sich hier keine Touristenmassen durch die Gänge. Allerdings sollten Sie bei Ihrem Besuch etwas Zeit und Entdeckerlaune mitbringen, denn auf 400 Quadratmetern findet sich hier jede Menge Nippes; eben alles, was bei Wohnungsauflösungen, die das Unternehmen auch anbietet, so zutage befördert wird. Eigentlich gibt es nichts, was es hier nicht gibt: Werkzeug, Besteck, Omas altes Teeservice, Esszimmerstühle, Vorhänge, Handtaschen, Schlafsofas, ein Ölgemälde oder auch einmal ein Fahrrad. Alles gibt es zum kleinen Preis, Handeln ist übrigens erlaubt.

Der zauberhafte Schillerpark liegt gleich um die Ecke. Dort sollte man ganz früh hingehen und die feierliche Stille mitten in der Stadt genießen ...

Sperrige, größere Möbel werden auf Wunsch gegen einen kleinen Aufpreis nach Hause chauffiert. Das Familienunternehmen ist zwar nicht gemeinnützig, versteht sich aber trotzdem als Anlaufstelle im Kiez gerade für diejenigen, denen die Mittel fehlen, um alles neu kaufen zu können. Zudem legen die netten Inhaber Wert darauf, dass wertvolle Ressourcen wie beispielsweise Holz nicht verschwendet, sondern weiter genutzt werden können.

Wer also seinen Keller mal wieder ausmisten und für gut Erhaltenes kassieren möchte, der kann sich an das Mini-Kaufhaus wenden. Aber auch wer eine Wohnung oder ein Zimmer professionell entrümpeln lassen möchte, sollte diese Adresse als Anlaufstelle im Hinterkopf behalten.

Mini-Kaufhaus Meyer · Mo–Do 14–18, Fr 14–17 Uhr · Amsterdamer Str. 14 · 13347 Berlin
Tel. 030/456 57 65 · www.mini-kaufhaus.de · Haltestelle: U Seestraße

MINI
KAUFHAUS
MINI
KAUFHAUS
Internet
www.mini-Kaufhaus.de

02 CAKE POPS VON BEN UND BELLCHEN

Cake Pops sind feine Kuchen-Kügelchen am Stiel und nach den Cupcakes einer der US-Trends in Sachen Backwaren, der in den letzten Jahrzehnten nach Europa schwappte und auch in Berlin viele begeisterte Anhänger gefunden hat. Die Ben und Bellchen Manufaktur in Berlin-Mitte hat sich auf die kleine Köstlichkeit spezialisiert.

Himbeer-Brownie, Marzipan-Mohn oder Erdnuss-Salzkaramell – eingebettet in einen feinen weißen oder dunklen Schokoladenmantel, einen Stiel unten dran, und fertig ist der Cake Pop. Die kleinen Kuchenkugeln von »Ben und Bellchen« klingen nicht nur zum Anbeißen, sie sind es auch. Neben den Cake Pops gibt's auch noch Praliné Pops im Sortiment. Diese haben innen einen zart schmelzenden Kern aus Haselnussnougat und Knusperfüllung, verfeinert mit gefriergetrockneten Früchten.

Augen zumachen, Schokolade knacken und den Kern zart im Mund schmelzen lassen ... Ja, Schokolade macht glücklich!

Die Macher Isabel und Benjamin Hoffmeier haben mit ihrer Manufaktur ihr Hobby zum Beruf gemacht, denn sie sind eigentlich gelernte Kommunikationswissenschaftler. In ihrer Backstube in Moabit stellen sie ihre Cake und Praliné Pops in liebevoller Handarbeit her, ohne künstliche Zusätze wie Geschmacksverstärker und Farb- oder Konservierungsstoffe und bevorzugt mit saisonalen Zutaten. Die guten Teilchen sind übrigens ungekühlt bis zu drei Wochen haltbar. Verkauft werden sie auf Bestellung oder aber in einigen Läden in Berlin wie zum Beispiel bei Bandy Brooks (Friedrichstr. 96, www.bandybrooks.com) oder bei EAT Berlin (Hackesche Höfe, Hof 7, www.eatberlinstore.de), immer wieder auf dem Naschmarkt in der Markthalle Neun (www.markthalleneun.de) und natürlich auch im Onlineshop. Zwar sind die leckeren Kuchenkugeln nicht ganz billig (ab 2,10 Euro), dafür aber ein Genuss vom Feinsten.

Besonders schön zur Hochzeit: Die Cake Pops sind auch in Hochzeitstorten-Form oder im Braut-Bräutigam-Look erhältlich.

Ben und Bellchen Süßes Handwerk · Heidestr. 54 · 10557 Berlin
Tel. 030/31 17 40 05 · www.ben-und-bellchen.de · Haltestelle: Bus 147 Döberitzer Straße

BEN UND BELLCHEN
Cake Pop

Today's
Special:
Peace
and
Love

KATZ ORANGE: BIO-GOURMET-FOOD

03

Szene-Restaurants gibt es in Berlin fast so viele wie Apotheken. Ludwig Cramer-Klett wollte mit dem Katz Orange, das nun bereits seit 2012 seine Gäste in einer alten Brauerei in Berlin-Mitte verwöhnt, allerdings vordergründig einen Ort des gegenseitigen Austauschs schaffen, an dem Wert auf organisches Gourmet-Food gelegt wird.

Wie viele szenige Locations versteckt sich auch diese in einem Hinterhof. Das Katz Orange befindet sich in der ehemaligen Josty-Brauerei, einem anmutigen Backsteinbau, der in seiner Pracht fast an eine Kirche erinnert.

Angekommen, finden Sie sich von heimeliger Behaglichkeit umhüllt: Beim Inventar wurde mit viel Holz und jeder Menge hochwertigem Trödel, der aus der ganzen Welt zusammengetragen wurde, gearbeitet – das alles vor der Kulisse der alten Backsteinwände und akzentuiert mit einigen wenigen Kunstwerken, die suggerieren, dass dieser Ort seiner Zeit etwas voraus ist. Trendy eben. Der Betreiber des Katz Orange, Ludwig Cramer-Klett, begrüßt seine Gäste persönlich, der freundliche Service verhält sich professionell und gleichermaßen lässig. Die beiden Speisekartenblätter (auf Englisch und Deutsch) werden auf einem Klemmbrett gereicht.

Was Sie wissen sollten: Die Auswahl im Katz Orange ist nicht besonders groß, dafür aber exquisit, alles ist bio. Es wird nach der Maxime gearbeitet, dass Tiere und Pflanzen nett behandelt werden sollen. Daher stammen alle Zutaten, die im Katz Orange verwendet werden, von Menschen, die diese Philosophie teilen. Die Lieferanten sind übrigens auf der Speisekarte nachzulesen. Dass die Qualität der Speisen erster Güte ist, darauf muss nicht extra hingewiesen werden. Als passende Begleitung der feinen Gerichte stehen mehr als 150 Weine zur Auswahl, darunter auch Naturweine.

Besonders lecker schmecken übrigens die frisch geschnittenen Pommes Frites, die in Biogänseschmalz ausgebacken und im Körbchen gereicht werden (6 Euro). Dazu gibt es verschiedene hausgemachte Dips (1,50 Euro), etwa Limetten-Aioli oder Baba Ganoush.

Katz Orange · tgl. ab 18 Uhr · Bergstr. 22 · 10115 Berlin · Tel. 030/983 20 84 30
www.katzorange.com · Haltestelle: S Nordbahnhof, Tram Pappelplatz

04 COCKTAILBAR, TRENDY UND VERSTECKT

Charmant, szenig und dabei so unauffällig diskret: Die Bar Buck & Breck in Berlin-Mitte zelebriert die hohe Kunst des Cocktailmixens. Doch wer den Ort nicht kennt, findet auch nicht hinein.

Eher sieht das Schaufenster, das neben der Polizeistation in der Brunnenstraße leuchtet, nach Kunstgalerie oder nach einem ganz typischen Berlin-Shop aus. Kein Schild. Keine Leuchtreklame. Nichts deutet auf das Buck & Breck hin. Lediglich ein dezentes Klingelschild, auf dem »Bar« steht, das ist alles, was eine der besten Bars der Stadt zu erkennen gibt.

Die Bar Buck & Breck bleibt eben gern inkognito. Das könnte daran liegen, dass der Hype nur noch mehr angestachelt wird, oder aber an der Tatsache,

dass in der Ein-Raum-Lokalität sowieso nur 14 Leute Platz haben. Als Vierer-Gruppe kommen Sie nur bis zum »Türöffner«, der nach dem Klingeln aufsperrt und Ihnen mitteilt, dass der Zutritt maximal zu dritt gewährt wird.

Die Einrichtung ist minimalistisch in Schwarz gehalten mit einigen goldenen Akzenten. Erlesene Kunstwerke hängen an den Wänden. Im Mittelpunkt steht ein schwarzer Tresen, ähnlich einer Kochinsel, auf der einen Seite wird gerührt und geschüttelt, auf der anderen sitzen die Gäste. So können Besucher genauestens beobachten, mit wie viel Herzblut der aus Portugal stammende Barmann Gonçalo de Sousa Monteiro arbeitet. Die Flaschen, die er beim Mixen in Windeseile herauszieht, sind mit Farbcodes versehen, Markenangaben Fehlanzeige. Doch darauf kann man sich getrost verlassen: Alles, was auf der Karte steht, ist vom Feinsten.

Nebenan hat der Barmann übrigens eine weitere Bar eröffnet: In einem in zartem Rosé gehaltenen Ambiente, stilvoll kombiniert mit Marmor und Eiche, serviert die Weinbar Bean Champagner und Naturweine.

Buck & Breck · So–Fr ab 19 Uhr · Brunnenstr. 177 · 10111 Berlin
www.buckandbreck.com · Haltestelle: U Rosenthaler Platz

DER HAHN IST TOT!
Ländliche Menüs

INSERT
GRENADE

FRANZOSE MIT KREATIVKONZEPT

05

Muss ein Restaurant eigentlich täglich derart viele verschiedene Gerichte auf der Karte haben, dass Sie als Gast gar nicht wissen, was Sie nehmen sollen, so groß ist die Auswahl? Die Macher des kleinen ländlichen Deutsch-Franzosen Der Hahn ist tot am Zionskirchplatz beweisen mit ihrem kreativen Menü-Konzept, dass es auch anders geht.

Im Sommer stehen einige Tische draußen am trubeligen Zionskirchplatz, drinnen wird vor romantischer, rosafarbener Schnörkeltapete stilecht gespeist. Voll ist es immer. Die Speisekarte kommt auf einem hölzernen Klemmbrett daher, auf der das wöchentlich wechselnde Vier-Gänge-Menü (für 30 Euro) steht. Sonst gibt es nichts. Die Getränkekarte glänzt mit ausgewählten Rebsäften von kleineren deutschen und französischen Weingütern, die sich auf Qualitätsweine spezialisiert haben. Als Vorspeise stehen zwei Gerichte zur Auswahl, beim Hauptgang können Sie zwischen vier Gerichten wählen, eine vegetarische Variante ist auch dabei.

Wer Muscheln mag, wird Freude pur empfinden beim Moules-Frites-All-you-can-eat-Buffet, das hin und wieder stattfindet. Wie ein Kurzurlaub in Südfrankreich!

Zum Mitmachen aufgefordert: Wenn Sie zur Vorspeise die Suppe wählen, schöpfen Sie sich diese selbst aus einem großen Suppentopf. Als Zwischengang wird eine große Glasschüssel voll mit Salat auf den Teller gestellt, garniert mit Puy-Linsen und roten Johannisbeeren. »So, hier habt ihr Walnussöl, Olivenöl, Himbeeressig und Weißweinessig, anmachen dürft ihr selber«, erklärt Ihnen der zuvorkommende Service, der stets bemüht ist, den nächsten Gang zeitlich nach Wunsch auf den Tisch zu bringen.

Als Hauptspeise sehr empfehlenswert: das traditionelle *Coq au vin*, das immer Teil der Menüauswahl ist, mit Kartoffelgratin und Ofengemüse – reichlich, lecker und mit Liebe gekocht. Hausgemacht ist definitiv auch der Nachtisch, wie zum Beispiel *Tarte à la vanille* oder im Winter Bratapfel mit Haselnüssen auf Vanillesoße. Unbedingt vorher reservieren!

Der Hahn ist tot · Mo–Sa 17–23.30 Uhr · Zionskirchstr. 40 · 10119 Berlin · Tel. 030/65 70 67 56
www.der-hahn-ist-tot.de · Haltestelle: Tram Schwedter Straße

Wiener Brot

DIE DACHTERRASSE DES HOTEL AMANO

06

Nur einer von vielen Places to be in lauen Sommernächten: Die Dachterrasse auf dem Hotel AMANO punktet mit durchdesigntem Ambiente, sehr guten Cocktails und einem atemberaubenden Blick über die Stadt – der Fernsehturm scheint zum Greifen nahe. Auf den Hockern und Sofas trifft internationales Publikum auf Berliner Nachtschwärmer.

Das Design der rund 185 Quadratmeter großen Holzterrasse stammt von der Hamburger Garten- und Landschaftsarchitektin Anja Knoth in Zusammenarbeit mit dem Architektur- und Design-Unternehmen Büro Gold, das seinen Hauptsitz in Tel Aviv hat. Nicht eben günstig, aber sehr zu empfehlen, sind die Cocktails – das Barteam wurde bereits mit Preisen ausgezeichnet.

Dachterrasse des Hotel AMANO · Mai–August tgl. ab 17 Uhr (bei gutem Wetter)
Auguststr. 43 · 10119 Berlin · Tel. 030/809 41 50 · www.amanogroup.de
Haltestelle: U Rosenthaler Platz

SARAH WIENERS BIO-BÄCKEREI

07

Wenn Sie auf frisch gebackenes Brot, süßes wie herzhaftes Gebäck und Kuchen in Bio-Qualität stehen, sei Ihnen ein Besuch in Sarah Wieners Holzofenbäckerei Wiener Brot in Berlin Mitte empfohlen.

Der kleine Laden in der Tucholskystraße ist nach der Eigentümerin benannt, der Restaurantunternehmerin Sarah Wiener. In ihrer Bäckerei zählt das reine Roggenbrot aus sehr zeitaufwendig erstelltem, in großen Stahlkesseln reifendem Sauerteig zu den Verkaufsrennern. Es wird – wie alles andere im Sortiment – im Steinofen gebacken. Empfehlenswert ist auch das Süßgebäck, das ebenso wie Brot und Brötchen ausschließlich aus Bio-Zutaten besteht, etwa die französischen Brioches, die Linzer Torte sowie die Marillenfleckerl. Außerdem sonst nirgends in Berlin zu kriegen: sogenannte Mohnflesserl, mit Mohn und Salz bestreute Brötchen.

Wiener Brot · Mo–Fr 7–19, Sa 8–16 Uhr · Tucholskystr. 31 · 10117 Berlin · Tel. 030/32 51 65 26
www.wienerbrot.de · Haltestelle: S Oranienburger Straße

MÄRCHENHAFT TEE GENIESSEN

08

Aus dem Palais am Festungsgraben, wo die Tadshikische Teestube seit 1974 beheimatet war, musste der beliebte Ort 2012 ausziehen. Ein halbes Jahr später eröffnete die Teestube mit ihrer denkmalgeschützten Einrichtung aus kostbarem Sandelholz in der Oranienburger Straße. Der fantastische Kurztrip in den Orient ist hier garantiert.

Fast schon unheimlich, wie sehr die Neue der Alten ähnelt! Wer durch den Hinterhof der Oranienburger Straße 27 geht und in die Tadshikische Teestube eintritt, fühlt sich zurückversetzt in die Märchenwelt Tadschikistans, aber auch in das Palais am Festungsgraben.

Denn die neue Heimat wurde anhand ihrer perfekten Maße für die gesamte Einrichtung ausgewählt: Zum Glück fanden die Betreiber die Räumlichkeiten, in der sie eine genaue Rekonstruktion mit den alten Hölzern vornehmen konnten. Für den Umzug wurde jeder Balken nummeriert und Stück für Stück ab- und genauso auch wieder aufgebaut. Schließlich hatte das ja schon einmal geklappt: Ursprünglich stand der märchenhafte Ort 1974 im sowjetischen Pavillon auf der Leipziger Messe. Als Symbol ihrer Verbundenheit schenkte die UdSSR sie danach der DDR-Gesellschaft für deutsch-sowjetische Freundschaft, und so zog die Tadshikische Teestube damals nach Berlin um – und wurde als kulinarische Insel der Ruhe in so ziemlich jedem Reiseführer angepriesen. Umso schöner, dass sich die Teestube ihr exotisches Flair bewahren konnte.

Montags können Sie bei der »Märchenhaften Teestunde« mal völlig abschalten und sich ins Reich der Fantasie begeben.

Der Umzug konnte den Sandelholzsäulen, den orientalischen Sitzkissen, Gemälden und bunten Teppichen nichts anhaben. Nach wie vor kann der Gast hier Schuhe und Sorgen vor der Tür lassen, sich in ein Meer von Kissen fläzen und bei einer orientalischen Trinkzeremonie Tee aus dem silbernen Heißwassersamowar, Soljanka und andere Köstlichkeiten genießen.

Tadshikische Teestube · Mo–Fr ab 16, Sa, So ab 12 Uhr · Oranienburger Str. 27 (im KunstHof)
10117 Berlin · Tel. 030/204 11 12 · www.tadshikische-teestube.de
Haltestelle: S Oranienburger Straße

VEGANES FINE DINING IM OUKAN

09

Eine rein pflanzenbasierte Wohlfühlküche aus Japan gepaart mit buddhistischem Minimalismus sorgen im etwas versteckten Oukan in Mitte für einen ganzheitlichen Glückszustand. Dieses im November 2021 neu eröffnete Restaurant ist ein Fest für alle Sinne.

Hinter einer roten Tür in einem Hinterhof in der Ackerstraße gibt es eine Oase zu entdecken. Denn das Restaurant Oukan ist anders als so ziemlich alles, was man sonst so kennt – selbst hier in Berlin. In verschiedenen Schwarztönen gehalten und von japanischem Minimalismus und buddhistischer Einfachheit inspiriert, möchte es ein Ort der Ruhe sein. Huy Thong Tran Mai, ein Gastronom und Modedesigner mit vietnamesischen Wurzeln, hat hier ein ganzheitliches Konzept entwickelt, das alle Sinne berührt. Tran betreibt zudem noch die beiden ebenfalls sehr empfehlenswerten Ryong Restaurants und das Oukan Tea.

> In einem der Separees Platz nehmen und die Welt einfach mal draußen lassen - herrlich!

Sein neuestes »Baby« punktet mit seinem Wow-Interior ebenso wie mit der Konzentration auf veganes Fine Dining in Kombination mit Tee. Dieser wird auch mal kalt in Weingläsern serviert und durch Tee-Meister*innen mit bemerkenswertem Tee-Know-how geadelt. Beim Essen steht »Shōjin Ryōri« als Konzept im Mittelpunkt: Dem Körper soll genau das gegeben werden, was er braucht. Neben Regionalität und Saisonalität der Produkte, Verzicht auf weißen Zucker und Mehl, spielt auch die Harmonie der fünf Farben, Geschmacksrichtungen und Zubereitungsarten eine Rolle. Das perfekte Zusammenspiel für die außergewöhnliche Fine Dining-Experience gibt es in Menü-Form – sechs Gänge für 79 Euro, entweder mit Tee- (35 Euro) oder mit Weinbegleitung (51 Euro). Dann landen etwa Kuzu und Paprika, Kartoffel und Trüffel oder Yuba und Rettich für großartige Geschmacksexplosionen auf dem Teller. Gut zu wissen: Sie können hier auch à la carte essen, Gyoza gibt's für 10 Euro, Hauptgerichte für 22 bis 26 Euro oder Ramen für 18 Euro.

Oukan · Di–Sa ab 18 Uhr · Ackerstr. 144 · 10115 Berlin
www.oukan.de · Haltestelle: U Rosenthaler Platz

10 TROCKENBLUMEN BEI MADAME FLEURS

Definitiv im Trend liegen Sie derzeit, wenn Sie sich statt frischer Blumen, deren Pracht nach ein paar Tagen, spätestens einer Woche auch schon wieder vorüber ist, die getrocknete Variante auf den Küchentisch holen. Ist schließlich viel nachhaltiger und sieht wirklich das ganze Jahr über besonders aus. Gerade wenn es einer der schön gebundenen Sträuße von Madame Fleurs ist.

Inhaberin Anna verkauft ihre traumhaften Flowerbouquets etwas versteckt auf der Schwedter Straße. Das Konzept: Hier bekommen Sie nur Produkte, die für die Ewigkeit halten. Insbesondere die ganz natürliche Variante, die ohne Farbe oder Bleiche auskommt. In Annas Laden werden nur naturbelassene, unbehandelte Blumen in getrockneter Form arrangiert. Ein Blick in den Online-Shop lohnt definitiv auch.

Madame Fleurs · Di–Fr 14–18 Uhr · Schwedter Str. 45-46 · 10435 Berlin
www.madamefleurs.com · Haltestelle: U Eberswalder Str.

11 SUSHI VON ROHHÄPPCHEN

Sie heißen »Der betrogene Ifrit«, »Aschenputtel« oder »König Drosselbart« – und sind in diesem Fall märchenhafte, täglich mit frischen Zutaten zubereitete Sushi-Rollen, die Ihnen Rohhäppchen nach Hause liefert.

Ja, Sushi-Restaurants gibt's in Berlin wahrlich viele, dieses macht aber wirklich glücklich. Versprochen! Dabei geht es nicht nur um die Qualität der großartigen Rollen, von denen es auch einige vegane Varianten gibt, sondern auch um das Drumherum. Statt in Mini-Plastikfischchen kommt die Sojasoße in kleinen Gläschen daher, und die Aluschale ist ein so hübscher Karton, dass man meinen könnte, es komme eine Geschenke-Lieferung – und nicht »nur« das Essen. Sehr instagrammable und so lecker!

Auch Durstlöscher – Softdrinks, Wein und Bier – und Eis, wenn Sie noch etwas Süßes zum Nachtisch brauchen, sind bestellbar.

Rohhäppchen · tgl. 17–22 Uhr · Dircksenstr. 51 · 10178 Berlin · Tel. 030/61 10 71 50
https://rohhaeppchen.de · Haltestelle: S Hackescher Markt

GENIESSEN IN EINER ALTEN APOTHEKE

12

Das Restaurant ORA war mal die Oranien-Apotheke – wie noch unschwer an den Lettern über der Tür zu erkennen ist – und begeistert durch sein historisches Interior, teils noch aus dem Jahr 1860, von den schweren, aufwendig gestalteten Holzregalen bis hin zu Erlenmeyerkolben und antiquierten Porzellanbehältern. Aber auch in Sachen Food mit Fokus auf Saisonalem und regionalen Bio-Produkten von kleinen Bauernhöfen, Gärtnereien und Fischern. Tipp: Den Nachtisch hier auf keinen Fall auslassen! Auch für ein gutes Glas Wein oder Cocktails passt das ORA immer, die Auswahl an Drinks ist überragend.

Wenn Sie den Weg nach oben ins Separee finden, ist das nostalgische Gefühl am größten.

ORA · Mi–Sa 18-24 Uhr · Oranienplatz 14 · 10999 Berlin
Tel. 030/50 95 58 89 · www.ora.berlin · Haltestelle: Kottbusser Tor

STREET FOOD THURSDAY

13

An einem Abend geht die kulinarische Reise von London über Bangkok nach Lima. So landen beim Street Food Thursday in der Markthalle Neun peruanische Ceviche, thailändische Dumplings, britische Pies, aber auch Allgäuer Kässpatzen auf dem Teller. Über 20 Köche sorgen dafür, dass Sie internationale Speisen authentisch genießen können.

Street Food, also »Bürgersteig-Delikatessen«, ist in Berlin ein echter Trend geworden; mobile Imbisse verkaufen aus alten Trucks heraus am Straßenrand. Die Street-Food-Thursday-Macher wollen zeigen, dass Berlin mehr kann als Currywurst und Döner. Bereits 2013 gestartet, gilt der Street Food Thursday als der erste internationale Street Food Markt Deutschlands und wurde im Jahr der Entstehung von der Stadt Berlin ausgezeichnet.

Street Food Thursday in der Markthalle Neun · Do 17–22 Uhr · Eisenbahnstr. 42/43
10997 Berlin · Tel. 030/61 07 34 73 · www.markthalleneun.de
Haltestelle: U Görlitzer Bahnhof, Bus Wrangelstraße

14 DAS BELIEBTESTE OUTLET DER STADT

Das Berliner Online-Unternehmen Zalando betreibt in Kreuzberg einen Outlet-Store. Hier können Sie Klamotten, Schuhe und Accessoires von 500 verschiedenen Marken bis zu 70 Prozent günstiger einkaufen. Mittlerweile müssen Sie sich vor dem Einkauf auch keine Zalando Outlet Card mehr besorgen.

Sehen, anfassen, anprobieren – für viele Käuferinnen und Käufer immer noch die besten Argumente, nicht online, sondern vor Ort einzukaufen. Im Outlet-Store des Versandriesen Zalando am Kreuzberger Spreeufer gibt es die Produkte offline sowie zwischen 30 und 70 Prozent reduziert: über 500 Marken auf rund 800 Quadratmetern und drei Etagen. Das Angebot an Textilien, Schuhen und Accessoires wechselt dabei sogar täglich.

Vor allem zum Schuh-Shoppen lohnt sich ein Besuch in dem großzügigen Backsteingebäude, denn bei der Fußbekleidung ist die Auswahl ganz besonders groß. Klar, schließlich hat Zalando seine Wurzeln im Schuhgeschäft. Für Entscheidungsunfreudige außerdem gut zu wissen: Sollten Sie sich bei Ihrer Wahl nicht so ganz sicher ist, können Sie sich maximal drei Schuhfavoriten bis zum Ende des Folgetages zurücklegen lassen.

Wo früher die Zalando Outlet Card nötig war, um sich austoben, also ausgiebig shoppen zu können, ist das mittlerweile kein Muss mehr. Der Zutritt ist für alle uneingeschränkt möglich. Die Karte gibt's zwar immer noch, doch ist sie mittlerweile nur noch Kundenkarte, mit der man exklusiven Zugang zu Rabattaktionen, besonderen Deals und speziellen Shopping-Events erhält.

Praktisch: Mitgebrachte Taschen und Mäntel werden vor Ort in Schließfächern verstaut, sodass das Einkaufsvergnügen durch nichts gestört wird.

Tipp: Wer noch weiter shoppen will, geht direkt nebenan an der Köpenicker Straße 18–20 in das EXIL Wohnmagazin, das mit stilvollen Möbeln und Wohnaccessoires punktet. Die nötige Stärkung holen sich Besucher im Sage Restaurant, das sich ebenfalls auf dem Gelände befindet.

Zalando Outlet · Mo–Sa 10–20 Uhr · Köpenicker Str. 20 · 10997 Berlin
Tel. 08 00/330 09 96 · www.zalando-outlet.de/berlin
Haltestelle: U Schlesisches Tor, Bus Manteuffelstraße/Köpenicker Straße

zalando
zalando

VEIST
Hallo!

VEIST KLEIDER-GESCHICHTEN

15

Wenn Sie Vintage-Mode mögen, werden Sie Veist Kleidergeschichten lieben. Der kleine Laden in Neukölln ist nämlich mehr als ein Secondhand-Shop. Die Gründerinnen Sandra Troegl und Anna Veit wollen nur erlesene Stücke im Sortiment, die alle eine Geschichte erzählen und damit etwas Unverwechselbares schaffen.

»Ursprünglich stamme ich aus Milano – aber du glaubst es nicht, ich liebe den kalten Berliner Winter! Jetzt umso mehr, wo es klirrend kalt ist und sich meine Trägerin an meinem wärmenden Mohair erfreuen darf. Dank meines schmalen Schnittes zaubere ich eine tolle Figur, und meine glamourösen Stickereien zieren jedes Weihnachtsfest«, das beispielsweise ist der nette Text zu einer aufwendig mit Pailletten besetzten Strickjacke aus dem Jahr 1975. Oder da ist da dieser rote Gürtel mit goldener Schnalle, der aus einer Versace-Boutique stammt und ein Geburtstagsgeschenk gewesen ist.

Kleidung verdient eine besondere Behandlung – nach diesem Grundsatz betreibt mittlerweile nur noch Sandra Troegl den Laden Veist Kleidergeschichten im mehr und mehr gehypten Neuköllner Schillerkiez. Eröffnet wurde der Shop bereits im November 2011. Damit will sie ein Zeichen gegen die Wegwerf-Mentalität setzen, die im Umgang mit Klamotten häufig vorherrscht. Sie verkauft Stücke aus sieben Jahrzehnten und gibt ihnen eine ganz individuelle Note, indem sie die Geschichten ihrer Vorbesitzer aus der Vergangenheit erzählt. Über 1200 Menschen bieten mittlerweile hier ihre Schmuckstücke an.

So kann jeder Oberteile, Kleider, Pullis, Schuhe, Taschen und Accessoires abgeben – natürlich nur gut erhaltene Stücke. Wenn sich innerhalb von vier Wochen eine Käuferin gefunden hat, wird der Erlös geteilt. Neben den Secondhand-Stücken hängen in dem charmanten Geschäft auch neuwertige Secondhand-Designerklamotten, -schuhe und -accessoires von Marken wie Gucci, Prada, Bottega Veneta und Céline. Gut zu wissen für den besonderen Anlass: Vom Wildseide-Herrenanzug über das festliche Boho-Maxikleid bis hin zum schnieken Windsor-Kostüm gibt es hier jede Menge Hingucker.

Veist Kleidergeschichten · Mo–Do Termine nach Vereinbarung, Fr/Sa 14–19 Uhr · Selchower Str. 32 12049 Berlin · Tel. 030/95 60 62 51 · www.veistberlin.com · Haltestelle: U Boddinstraße

hafenküche

RESTAURANT MIT HAFENBLICK

16

Ausgedehnt lunchen auf der Terrasse mit Blick auf die Spree oder sich einen Picknickkorb packen lassen für einen romantisch-kulinarischen Bootsausflug - die Hafenküche an der Rummelsburger Bucht lohnt definitiv einen Ausflug nach Lichtenberg.

Essen am Ufer präferiert nicht nur der Hamburger, auch der Berliner blickt bei seiner Mahlzeit gern aufs Wasser – am liebsten, wenn sich bei schönem Wetter die Sonne darin spiegelt. Dafür ist die Hafenküche, etwas versteckt an der Rummelsburger Bucht liegend, mit dazugehörigem Biergarten die perfekte Anlaufstelle.

> Der Rummelsburger See, nur einen Katzensprung vom Szenekiez Friedrichshain, eignet sich auch gut zum gemütlichen Spazierengehen.

Zu Fuß vom Bahnhof Ostkreuz erreichen Sie das Restaurant in einer knappen halben Stunde, den Uferwanderweg immer an der Spree entlang. Seit Ende 2020 gibt's in der Hafenküche eine Selbstbedienungskantine, die mittags zum entspannten Lunch lädt. Oder Sie kommen abends hierher, genießen das neue minimalistische Ambiente mit viel Holz, den tollen Blick aufs Wasser, Feuer aus dem Kamin und ein gutes Stück Fleisch vom Holzofengrill. Natürlich werden auch Veggie-Freunde hier glücklich.

Wenn es Sie aufs Wasser zieht, können Sie auch einen Bootsausflug planen. Denn die charmante Kantine an der Spree hat direkt eine Marina mit zwölf Liegeplätzen vor der Haustür, sodass Sie von hier aus gleich in eines der Boote steigen können (unbedingt vorher über den Verleih www.spreeboote.de reservieren). Dazu bereitet die Hafenküche einen Picknickkorb nach Wahl vor: In der »Picknick-Box« liegen Boulette mit Kartoffelsalat und Currywurst im Glas, die »Picknick-Box Vegi« ist hingegen als fleischlose Variante unter anderem mit Couscous-Salat, Coleslaw und Plunder befüllt.

Diverse Getränke-Boxen gibt's auch. Gratis dazu erhalten Hobbykapitäne Tipps, welches die besten Wasserrouten auf der Spree sind.

Hafenküche · Kantine Mo–Fr 9–16, Restaurant Fr ab 18, Sa ab 12 Uhr
Zur Alten Flussbadeanstalt 5 · 10317 Berlin · Tel. 030/42 21 99 26 · www.hafenkueche.de
Haltestelle: S Betriebsbahnhof Rummelsburg

17 DIE KLEINSTE DISCO DER WELT

Kaum einer verbindet die Stadt nicht mit ausgelassenem und exzentrischem Nachtleben. Berlin IST Party! Ganz legendär und unabhängig lässt es sich in der Teledisko feiern, der wohl kleinsten Disco der Welt, die an einigen Orten der Stadt Partygänger die nur rund einen Quadratmeter große Tanzfläche stürmen lässt.

In einer ausgedienten Telefonzelle, die anstelle eines Münzsprechers mit Licht- und Musikanlage ausgestattet ist, wird per Münzeinwurf (2 Euro) Ihr Lieblingssong gespielt. Es geht ganz einfach: An der Seite der Telefonzelle können Sie auf einem digitalen Touchpad einen Song aus dem Spotify-Repertoire auswählen, die 2 Euro einwerfen, in die Zelle schlüpfen und so lange tanzen, wie das ausgewählte Lied dauert. Für 2 Euro extra können Fotos Ihres außergewöhnlichen Discobesuchs ausgedruckt, für 4 Euro extra ein Video gedreht werden. Stroboskop, Nebel und Discokugel inklusive!

Der unschlagbare Vorteil einer Teledisko: Kein Türsteher wacht vor dem Eingang und verweigert Ihnen unter Umständen den ersehnten Zutritt. Sie hören immer die Musik, die Sie sich ausgesucht haben, und Sie können so ausgelassen tanzen, wie Sie wollen, denn keiner sieht Ihnen zu – lassen die Fenster der Telefonzelle doch keine Blicke durch!

Für die maximale Anzahl der Partyteilnehmer gibt es keine Empfehlung: Manche feiern allein, manche quetschen sich zu sechst auf die rund einen Quadratmeter große Tanzfläche in der Minidisco. Das Maximum ist auf jeden Fall erreicht, wenn sich die Tür nicht mehr schließen lässt. Der Rekord an Menschen, die gleichzeitig die Teledisko besuchten, liegt angeblich aktuell bei zehn Personen – kreuz und quer, über- und untereinander gestapelt.

Insgesamt gibt es sechs Telediskos: Die Pink Edition sowie die Blue Edition stehen auf dem Kater-Blau-Gelände in der Holzmarktstraße und gehen an, wenn dort gefeiert wird. Die Teledisko Gold auf dem RAW-Gelände ist leider aktuell außer Betrieb. Drei weitere – in Schwarz, Weiß und Grün – sind mobil und können gemietet werden.

Teledisko Blau · tgl. 6–22 Uhr · Holzmarkt Holzmarktstr. 25 · 10243 Berlin
Haltestelle: S Ostbahnhof

teledisko
3:20

PFEFFERHAUS
Pfefferhaus
Chiliprodukte, BB
Gewürze + Pfeffer
Mexikanische Produk

Duke
MANGO FIRE
CRANBERRY
MORE FIRE
ARMADILLO
ZORRILLO
KUKULKAN
7,90€
5,90€

EIN BESUCH IM PFEFFERHAUS

18

Zu den schärfsten Orten der Stadt zählt sicher das Pfefferhaus in Friedrichshain. Köche, Food-Liebhaber und vor allem Freunde des feurigen Geschmacks finden hier neben einem umfangreichen Gewürzsortiment mexikanische Spezialitäten, Feuriges aus der hauseigenen Manufaktur, Produkte von lokalen als auch internationalen Herstellern und unzählige Chili-Saucen.

Berlins erstes Chili-Fachgeschäft befindet sich im bunten Friedrichshainer Kiez, nahe dem Boxhagener Platz. Das Pfefferhaus ist mit seinem umfassenden Angebot *die* Adresse für experimentierfreudige Hobbyköche, Gastro-Profis, Chili-Junkies und alle, die sich gern in die Welt der Schärfe und der exotischen Gewürze entführen lassen wollen. Felix Eichholtz, Geschäftsführer und Chilifachmann im Berliner Pfefferhaus, erklärt: »Chili ist ein unglaublich vielfältiges und vor allem äußerst gesundes Gewürz. Außerdem steigt bei geübten Zungen mit der Schärfe auch die Intensität des Geschmacks! Dass man zum Schärfen wiederum auf Dutzende Sorten Chili und Pfeffer zurückgreifen kann, ist vielen immer noch nicht bewusst.«

Besuchern wird der Unterschied zwischen der Habanero Madame Jeanette, der Naga Jolokia oder einer Jalapeño geduldig erklärt. Wenn Sie befürchten, hier nur Waren zu bekommen, die Ihnen die Tränen in die Augen treiben, sei Ihnen Folgendes gesagt: Natürlich gibt es auch milde Varianten der Paprika in den hübschen Holzregalen und zudem jede Menge Köstlichkeiten wie etwa Klassiker aus der Küche Mexikos oder Jamaikas. Manche beliebte Produkte aus den USA sind im Berliner Einzelhandel nur im Pfefferhaus zu haben – das lockt zahlreiche Stammgäste an. Neben Chilis und Saatgut mit Tipps zur Selbstanzucht stehen unterschiedliche Hot Sauces, leckere Chili-Chips oder spezielle Gewürze und Gewürzmischungen aus aller Welt im Regal. Vor allem die hausgemachten Produkte sind zu empfehlen! Natürlich dürfen Sie auch testen. Der Laden ist aus einem Onlineshop heraus entstanden. Wenn Sie also nur zu Besuch in Berlin sind, können Sie sich später auch bequem von zu Hause aus mit den Produkten eindecken.

Pfefferhaus · Mo–Fr 12–20, Sa 11–20 Uhr · Niederbarnimstr. 11 · 10247 Berlin · Tel. 030/23 53 24 28
www.pfefferhaus.de · Haltestelle: Tram Niederbarnimstraße

19 KAVIAR & CO: INTERMARKT STOLITSCHNIY

Wie ein kulinarischer Kurztrip nach Russland mutet ein Besuch im Intermarkt Stolitschniy an der Landsberger Allee an. Bereits das gelbe Schild über dem Eingang, auf dem der Name in großen kyrillischen Buchstaben prangt, verrät: Hier kauft man authentisch.

Ins Don Xuan Center in Lichtenberg kommen die Touristen mittlerweile schon in Strömen, so sehr hat sich der mächtige Asia-Supermarkt herumgesprochen, in dem von traditioneller Kleidung über Spielzeug bis hin zu Nahrungsmitteln so ziemlich alles angeboten wird.

Etwas beschaulicher geht es dagegen im russischen Pendant, dem Intermarkt Stolitschniy, zu. Dieser ist mit 800 Quadratmetern aber auch bedeu-

tend kleiner. Übersetzt heißt *Stolitschniy* so viel wie »hauptstädtisch«. Um jede Menge gar nicht typisch hauptstädtische, sondern vielmehr russische Lebensmittel kennenzulernen, sollten Sie unbedingt einen Abstecher hierher planen: Der »Stolitschniy« hat neben vielen verschiedenen Konserven, einer beachtlichen Auswahl an Sonnenblumenkernen, Moosbeeren (besser bekannt als Cranberries) oder russischen Bieren auch frisches Obst, Fleisch – von Schweinepfoten bis zu verschiedenen Innereien – und frischen Fisch.

Sie können sich Ihren noch im Aquarium schwimmenden Wunschfisch aussuchen, und keine zwei Minuten später nehmen Sie ihn in der Tüte mit nach Hause. Die russischen Klassiker Wodka, Kaviar und Pelmeni können Sie natürlich auch erstehen sowie eine kleine Auswahl an Spielwaren, russischen DVDs und Büchern. Ein Highlight ist auch die riesige Auswahl an russischem Konfekt. So ist der Laden für alle Russen, die in Berlin leben, eine Anlaufstelle für Spezialitäten aus der Heimat, aber auch eine Fundgrube für alle anderen, die geschmacklich offen für Neues sind. Und die Angestellten an Kasse und Theke sprechen neben russisch auch deutsch.

Intermarkt Stolitschniy · Mo–Sa 8–21 Uhr · Landsberger Allee 116 · 10369 Berlin
Tel. 030/97 89 83 23 · https://stolitschniy.shop · Haltestelle: S Landsberger Allee

ODERBERGER

DAS NEUE ALTE STADTBAD ODERBERGER

20

Im früheren Heizkraftwerk des alten Stadtbads Oderberger fein zu frühstücken, ist ein Erlebnis der besonderen Art, das Sie sich nicht entgehen lassen sollten. Aus der ehemals prächtigen Badeanstalt wurden Hotel, gemütliche Kamin-Bar, Event-Location, Schwimmbad und ein stilvolles Restaurant gezaubert.

Samtbezogene Stühle und Bänke, goldfarbene Teller, zwei Etagen mit einer Raumhöhe von insgesamt 15 Metern, nostalgische Details aus früheren Zeiten: Das eindrucksvolle Restaurant Oderberger befindet sich im Gesamtkomplex des alten Stadtbads und dort im alten Heizkraftwerk. So viel wie möglich von den glanzvollen Zeiten sollte erhalten bleiben. Deshalb hat man alte Fensterwürfel im Tresen eingebaut, spezielles Gestänge dient als Garderobe, und aus der Wand ragen Drehregler. Erbaut wurde das Stadtbad Oderberger 1898 vom Architekten Ludwig Hoffmann, 1902 wurde es als »Volksbadeanstalt« eröffnet. Geschwommen wurde hier bis 1986, seitdem war das Bad geschlossen. 2016 feierte es seine fulminante Wiederbelebung als Hotel und schicker Kamin-Bar.

Das zugehörige Restaurant eröffnete 2017, bietet mittlerweile zwar »nur« noch ein Frühstücksbuffet an – das ist aber eines, das definitiv einen Besuch lohnt. Regionale Produkte, auch vegetarisch und vegan, stehen im Mittelpunkt bei diesem opulenten Start in den Tag. Dazu gibt's eine Live Cooking Station, eine Waffelbar und hausgemachte Patisserie. Kaffee, Säfte und Sekt sind beim Frühstück inklusive (27 Euro, die Hälfte für Kinder von 7 bis 12 Jahren), Kinder bis sechs Jahre kosten nichts.

Und was ist mit dem alten Schwimmbad passiert? Im 20 Meter langem und 1,35 Meter tiefen Becken darf tatsächlich wieder geschwommen werden, und zwar nicht nur von den Hotelgästen! Allerdings nur, wenn nicht gerade der Poolboden nach oben gefahren wurde, um darauf eine Veranstaltung in ganz besonders imposantem Ambiente zu feiern.

Restaurant Oderberger · Mo–Fr 7–10.30, Sa/So 7–11 Uhr
Oderberger Str. 57 · Eingang über das Hotel oder den Hof · 10435 Berlin
www.restaurant-oderberger.berlin · Haltestelle: U Eberswalder Straße

KALIFORNIEN ZUM SCHLECKEN

21

Das bringt Sommer und Sonne nach Berlin und in unsere Herzen: Zauberhaft bunt verführt die Eisdiele California Pops mit ihrem handgemachten Eis am Stiel. Die »Popsicles«, also farbenfrohes Eis am Stiel, liegen voll im Trend und sind einfach nur lecker.

Die Eisdiele von California Pops in Prenzlauer Berg ist mit ihrer Holzfassade, der rot-weiß gestreiften Markise und Street-Art-Gemälden mit Palmen und ganz in cooler Surfer-Manier ein echter Hingucker und eine super Anlaufstelle, wenn Sie sich unter die Mauerpark-Touris mischen. Geboren wurde der Wunsch, Eis am Stiel herzustellen, von den Firmengründern Jörg Ellmer und Tom Schult auf einer Südamerikareise. Ellmer erzählt: »Auf Reisen haben wir gesehen, dass Eis am Stiel auch anders aussehen und schmecken kann als die hier üblichen Brands. Es war viel fruchtiger, intensiver, nicht so künstlich, und es war nicht alles mit Schokolade umhüllt, sodass die Farbvielfalt viel präsenter und auffälliger war.« Gerade in Südamerika haben die »Paletas« mit ihrer Farbvielfalt überzeugt. Schon war die Idee geboren. Das braucht Berlin noch!

Den Laden mit seiner einfach herausragenden Fassade zu entdecken macht schon irre viel Spaß und fühlt sich sofort nach Urlaub an!

Seitdem macht es den beiden großen Spaß, ihr Eis ständig weiterzuentwickeln und immer wieder neue Sorten zu kreieren, zum Beispiel Cheesecake mit Blaubeeren, weiße Schokolade mit Matcha-Tee oder Gurke-Zitronen-Sorbet. Und auch die Form macht so einiges her. Alles entsteht in Handarbeit und mit jeder Menge Liebe zum Detail.

Sie können die Pops auch in größeren Mengen für das nächste Event oder die anstehende Familienfeier bestellen. Die kalte Köstlichkeit kommt dann ganz bequem per »Tiefkühlpost« zu Ihnen nach Hause.

Einziger Wermutstropfen: Stilecht gehen die Gründer im Winter in den großen Surfurlaub und schließen während der kalten Monate ihren Laden, sodass man nur im Sommer in den Genuss der Pops kommt.

California Pops · bei Sonnenschein und ab 15 °C geöffnet, bei Regen geschlossen
Eberswalder Str. 32 · 10437 Berlin · www.california-pops.de · Haltestelle: U Eberswalder Straße

22 TÜRKISCHE KÜCHE NEU INTERPRETIERT

Döner essen in Berlin - ein Klassiker. Türkisch essen gehen in Berlin schon weniger. Was ist eigentlich typisch türkische Küche? Und gibt es da auch innovative, moderne Konzepte? Die Antwort lautet Ja - und zwar im Restaurant Osmans Töchter in Prenzlauer Berg. Hier kochen Mamas mit Herzblut und Raffinesse.

In ganz Berlin existierte kein Restaurant, das die traditionelle türkische Küche modern interpretiert – diese Lücke wollten die beiden Wahl-Prenzl'bergerinnen Arzu Bulut und Lala Yanik unbedingt schließen und eröffneten im Juni 2012 ihr Restaurant Osmans Töchter auf der im Kiez bekannten Pappelallee.

> Im Sommer gemütlich im kleinen Garten sitzen, eine Portion Köfte oder Bulgur vor sich, und der Spirit Istanbuls ist ganz nah.

Das Lokal ist aus mehreren Gründen ein kleines Juwel in der Gastro-Landschaft der Hauptstadt. Zum einen sorgt die Einrichtung in mediterranen Farben mit künstlerisch verfremdeten Teppichen an der Wand dafür, dass man sich an seinen letzten Urlaub am Mittelmeer erinnert fühlt. Aber auch die Tatsache, dass in der Küche nicht nur ein professioneller Koch steht, sondern typisch türkische Mamas den Ton angeben, ist etwas Besonderes. Die Besitzerinnen sind davon überzeugt: Köfte oder Bulgur macht Mutti nun mal am besten, weil sie ihre ganze Liebe in den Kochtopf steckt. Auf der Karte stehen diese Klassiker meist in interessanter Neuinterpretation. Zum Beispiel *Katayif*, eigentlich eine klassische türkische Nachspeise, die hier aber mit Garnelen gefüllt und an Portulak-Salat gereicht wird, oder *Manti*, hausgemachte türkische Tortellinis, die mit Hackfleisch gefüllt werden. Die isst man bei Osmans Töchtern zu kalter Knoblauch-Joghurtsoße und warmer Paprikabutter.

Der Erfolg in Prenzlauer Berg ließ Osmans Töchter wagen, 2019 ein zweites Restaurant in der Wielandstraße 38 in Charlottenburg zu eröffnen. Die Einrichtung ist ein wenig schicker, das Konzept hingegen das gleiche.

Osmans Töchter · Mo–Sa 17.30–24 Uhr, Sonntags geschlossen · Pappelallee 15 · 10437 Berlin
Tel. 030/32 66 33 88 · Mobil: 0172/274 46 62 · www.osmanstoechter.de
Haltestelle: U Eberswalder Straße

Ayva tatlısı
Süße Quitte · Zimt
Anis · Joghurt · Vanille-
Creme · Pistazien
6,90
Köfte Çorbası
Suppe mit Hackfleisch-
bällchen
Joghurt · Linsen · Hack-
fleisch · Bulgur Bällchen
Spinat · Weizenkörner
5,90
Salat der Saison

HAUSGEMACHT
MILCHREIS MIT 2,50
KAFFEE
TEE
BROT
KALTGETRÄNKE

STULLE ESSEN BEI SUICIDE SUE

23

Nun herrscht in Prenzlauer Berg nicht gerade ein Mangel an Cafés. Umso besser, wenn einem jemand sagt, welches sich auf jeden Fall lohnt: Das Suicide Sue sollten Sie unbedingt aufsuchen, denn es wird Sie nicht nur mit seinem rustikalen Ambiente begeistern, sondern auch mit gutem Kaffee und hausgemachten Stullen.

Die gute, alte Berliner Stulle – ja, es gibt sie noch. Besonders zelebriert wird sie im Café Suicide Sue im Helmholtzkiez. Da gibt es etwa die Omastulle, ein Schmalzbrot, die Opastulle, belegt mit Kalbsleberwurst und Cornichons, oder die Posh-Stulle, mit Limetten-Meerrettich-Aufstrich, Lachs und Rucola. Das Brot dafür kommt vom Kreuzberger Bäcker Soluna, die Aufstriche – auch Exoten wie Brie-Dattel oder Avocado-Chili – sind hausgemacht. Auch Pancakes, Suppen, Rühreier oder Bircher Müsli stehen auf der Karte, Frühstück gibt es den ganzen Tag über.

> Danach einfach rund um den Helmholtzplatz eine Runde bummeln und in die Schaufenster der zahlreichen kleinen Geschäfte schauen.

Das Ambiente verdient definitiv Extrapunkte. Denn der moderne Landhausstil mit schweren Holztischen, Obstkisten an den Wänden, Kreidetafeln über dem Tresen, Stuck an der Decke, einem Holzofen, frischen Blümchen auf jedem Tisch und warmen Farbtönen sorgt für Ruhe und Behaglichkeit.

Zum Konzept des ausgefallenen Cafés gehört eine lustige Geschichte: So wurde das Café 2009 von einer japanischen Schwertkampfmeisterin gegründet. »Die in den Reihen der Yakuza als Suicide Sue gefürchtete Problemlöserin hat nach einer beruflichen Neuorientierung Schwert gegen Schürze getauscht und schneidet nun Brote statt Köpfe.« Im Sommer können Sie sich draußen in die Kissen fläzen und an hübschen Holztischen essen. Kleines Manko: Bestellen müssen Sie am Tresen, das Essen und die Getränke werden aber gebracht – und Kartenzahlung ist nicht möglich!

Fazit: Dieser Laden ist ein echtes Glück für alle, die ein gutes Hausmannsfrühstück oder die Stulle zum Mitnehmen zu schätzen wissen.

Suicide Sue · Mo–Fr 8–18, Sa 9–19, So 10–19 Uhr · Dunckerstr. 2 · 10437 Berlin
Tel. 030/64834745 · www.suicidesue.com · Haltestelle: Tram Husemannstraße

24 TEE UND SCONES IM GEWÄCHSHAUS

Den Bürgerpark in Pankow kennen viele Berliner, weiter im Norden des Bezirks verbirgt sich allerdings noch ein grünes Kleinod, dessen Entdeckung unbedingt auf Ihrer Liste stehen sollte: der Botanische Volkspark Blankenfelde-Pankow. Dort serviert das Café mint* mitten in einem Gewächshaus Kuchen nach englisch-irischer Tradition.

Ohne Auto in den Botanischen Volkspark Blankenfelde-Pankow zu gelangen erfordert Zeit: Schließlich ist Blankenfelde das letzte Dorf im Stadtgebiet – und wegen der früher hier liegenden Rieselfelder der am dünnsten besiedelte Ortsteil Berlins. Aber ein Bus hält immerhin direkt vor der Pforte des Botanischen Volksparks, der täglich von Sonnenauf- bis Sonnenuntergang geöffnet ist. Der Eintritt zum Park beträgt 1 Euro; das Ticket ziehen sich Besucher am Automaten direkt am Eingang.

Neben den schönen weiten Flächen und den zutraulichen Damhirschen hinterlässt besonders das Café mint* einen bleibenden Eindruck. Dieses befindet sich im denkmalgeschützten, restaurierten Gewächshaus und punktet mit seinem ganz besonderen Ambiente. Schließlich sitzen Sie in diesem Café inmitten von verschiedenen üppig gedeihenden Grünpflanzen. Es herrscht Selbstbedienung, aber für die authentischen Scones mit Clotted Cream und Erdbeermarmelade steht man doch gern mal auf und bestellt direkt an der Theke. Auch andere hausgemachte Köstlichkeiten wie etwa der Zitronen-Holunder-Käsekuchen ziehen viele Besucher an. Klar, dass man im Café mint* eine typisch britische Tea-Time zelebrieren kann. Bei schönem Wetter stehen auch Stühle draußen vor dem Gewächshaus.

Warum sich der irisch-englischstämmige Inhaber Tom Rolleston für den Namen »mint*« entschieden hat? Im Grunde gibt es dafür viele Gründe, aber einer gefällt uns am besten: Minze wird allgemein mit »frisch« assoziiert. In diesem Sinne bringt das »Café mint*« frischen Wind in diese Ecke von Pankow. Achtung: Hier kann nicht reserviert werden.

Café mint* im Botanischen Volkspark Blankenfelde-Pankow · Mi–So 11–17 Uhr
Blankenfelder Chaussee 5 · 13159 Berlin · Tel. 0176/57 22 56 21 · www.cafe-mint.de
Haltestelle: Bus 107 Botanische Anlage

ANDRASCHKO

25 CAFETERIA MIT AUSSICHT

Einmal mit dem Aufzug hoch in den 20. Stock, und schon haben Sie einen zauberhaften Blick über Berlin - ganz ohne Eintritt bezahlen oder sich in einer Touristen-Warteschlange anstellen zu müssen. Die Cafeteria Skyline der TU bietet ein herrliches Panaroma.

Direkt am großen Fenster Platz nehmen, Kaffee trinken und einfach nur den großartigen Rundblick über die Dächer von Berlin genießen: Brandenburger Tor, Fernsehturm, Tempelhof oder das Schloss Charlottenburg sind in Sicht. Die öffentlich zugängliche Cafeteria der Technischen Universität mit dem passenden Namen »Skyline« zählt zu den schönsten Einrichtungen des Studentenwerks – und ist nicht nur bei Studenten beliebt.

Gleich noch den neuen Lunch-Hotspot Dave B für sich entdecken. Direkt gegenüber der TU, in der Otto-Suhr-Allee 6-16, sind hier fünf Foodie-Anlaufstellen unter einem stylischen Dach vereint.

Sie befindet sich im Telefunken-Hochhaus am verkehrsreichen Ernst-Reuter-Platz, einem 80 Meter hohen Bürogebäude mit insgesamt 22 Stockwerken. Das Hochhaus entstand in den Jahren zwischen 1958 und 1960 als Firmenzentrale der AEG-Tochterfirma Telefunken und steht unter Denkmalschutz. Neben der TU als Mieter haben hier heute auch die Konzerne Telekom oder Daimler ihre Räumlichkeiten.

Für Frühaufsteher gibt es in der Panorama-Cafeteria den Kaffee mit Donuts und Muffins schon ab 7.30 Uhr. Man muss zugeben, dass es nicht gerade der leckerste Kaffee von ganz Berlin ist, aber der Ausblick wird Sie schnell versöhnen. Schließlich müßten Sie für so eine Aussicht an bekannteren Plattformen à la Fernsehturm oder Panoramapunkt Potsdamer Platz ziemlich lange Schlange stehen. Ab 11.30 Uhr bis ca. 14.30 Uhr können Sie in der Cafeteria auch zu Mittag essen, dabei können Sie aus zwei bis vier angebotenen Gerichten wählen. Und die sind auch noch ziemlich preiswert: So zahlt man für Hauptgerichte selten mehr als 6 Euro. Und ein vegetarisches oder veganes Gericht steht auch immer auf dem Speiseplan.

Cafeteria TU Skyline · Mo–Fr 7.30–16 Uhr · Ernst-Reuter-Platz 7 · 10587 Berlin
Tel. 030/939 39 77 80 · www.stw.berlin · Haltestelle: U Ernst-Reuter-Platz

FRAISES
TOMATES
CITRONS
POIRE
ARTICHAUTS
PAPILLONS

CONCEPT-STORE UND KULTUR-HUB LA CASE PAULETTE

26

Kunstgalerie, Shop, Veranstaltungslocation und Kieztreff: Das La Case Paulette ist ein vielseitiger, hübscher und nachhaltiger Laden im Kollwitzkiez in Prenzlauer Berg, für den sich ein Blick auf potenzielle Geschenke oder Mitbringsel immer lohnt.

»Fashion doesn't stop in Paris«, erklärt Anne-Cécile Picardo mit leuchtenden Augen, als sie vom Konzept ihres Ladens La Case Paulette im Kollwitzkiez berichtet. Zusammen mit ihrer Schwester Audrey Picardo-Kirschner betreibt sie ihren Concept-Store, der gleichzeitig als Kunstgalerie und Kulturtreff gedacht ist, seit Dezember 2020. Dabei gehe es in ihrem Laden insbesondere um Begegnungen mit anderen Menschen und um den Austausch.

Was es in dem sehr hübsch designten Shop vor allem gibt, ist nachhaltige Mode von französischen Designern – darunter vor allem noch unentdeckte, ganz frische Labels. Chanel kennt ja sowieso schon jeder. Hier hängen oft auch Einzelstücke, die es zu entdecken und liebzuhaben lohnt. Am besten ein Leben lang, gekauft werden soll schließlich weniger. Das kann dann der Hugo Boss-Blazer sein, der von FAAM Studio ein catchy Upcycling erfahren hat. Oder das aufwendig bestickte T-Shirt. Was uns auch gefällt: Die Designs von Atelier Beaurepaire, denn sie bringen definitiv ordentlich Farbe ins Spiel. Die Preise der Designerstücke reichen von 40 Euro fürs T-Shirts bis zu 600 Euro für den Mantel. Außerdem gibt's coolen Schmuck, Leder-Taschen und andere kleine Gadgets. Das Label Ambidextre etwa haucht Alltagsgegenständen ein zweites Leben ein und modelt sie zu Wohnaccessoires mit dem gewissen Extra um. Sie können hierher aber auch zum Kunstgucken und -kaufen kommen. Wechselnde Ausstellungen im kleineren Raum hinten im Laden inspirieren und erzählen interessante Geschichten. Gut zu wissen: Es finden auch immer wieder kleine Pop-up-Veranstaltungen statt, die auf Instagram angekündigt werden.

La Case Paulette · Di–Fr 12–19, Sa 12–18 Uhr · Sredzkistr. 52 · 10405 Berlin
Tel. 0163/144 52 56 · www.lacasepaulette.com · Haltestelle: Tram Husemannstr.

BAR MIT BLICK INS AFFENGEHEGE

27

Einer der Szene-Hotspots der Stadt: das 25hours Hotel Bikini Berlin samt Restaurant NENI Berlin und der Monkey Bar. Letztere befinden sich im zehnten Stock des Hotels und bieten ein Wahnsinnspanorama über die City West – sogar direkt ins Affengehege des Zoos hinein.

Persisch, arabisch, türkisch, spanisch, deutsch und österreichisch – bei den kulinarischen Einflüssen wollte sich das Küchen-Kreativ-Team rund um Szene-Wirtin Haya Molcho nicht festlegen. Vielmehr kommen im NENI jede Menge kulinarische Reiseeindrücke als »eklektische ostmediterrane Küche auf den Tisch«. Was darunter zu verstehen ist? Es gibt viel Vegetarisches: Lecker sind zum Beispiel karamellisierte Aubergine, dreierlei Hummus oder Sabich (ein Tel Aviver Mischmasch aus gebackenen Auberginen, Hummus und pochiertem Ei). Aber auch Fisch und Fleisch stehen auf der Karte. Zu empfehlen: der Jerusalem-Teller mit gegrilltem Hühnchen (19,50 Euro).

Platz nehmen Sie auf Design-Stühlen von Werner Aisslinger. Diese stehen um ein bepflanztes Gewächshaus, das aus alten Treibhäusern zusammengebaut wurde. Ein Urban Jungle zum Wohlfühlen und Sattessen!

Highlight der Location ist aber sicherlich der Blick auf die gesamte City West sowie den Zoo und den Tiergarten. Und die Aussicht kann auch noch von Sonnenauf- bis Sonnenuntergang genossen werden! Denn neben dem Restaurant ist in der zehnten Etage des Hotels die Monkey Bar beheimatet – beide mit sechs Meter hohen, bodentiefen Fenstern. In der Bar gibt's sogar eine Art kleine Tribüne, wo Sie auf orientalischen Kissen Platz nehmen können und Ihnen nichts die Sicht auf die possierlichen Tierchen im Zoo versperrt, schließlich ist hier am Wochenende auch tagsüber geöffnet. Dazu einen hausgemachten Green Apple Gin, und das Gefühl, etwas ganz Besonderes zu erleben, lässt Sie so schnell nicht wieder los. Im Sommer gehört die Dachterrasse, die das Gebäude an drei Seiten umläuft, auf jeden Fall zu den beliebtesten Orten der Stadt – nicht nur zum Sonnenuntergang.

Monkey Bar und NENI Restaurant im 25hours Hotel Bikini Berlin · Bar Mo–Mi 18–1, Do 18–2, Fr/Sa 13–2, So 13–1 Uhr · Restaurant Mo–Do 12–23, Fr–So 12.30–23 Uhr
Budapester Str. 40 · 10787 Berlin · Restaurant Tel. 030/120 22 12 00
neniberlin.de · monkeybarberlin.de · Haltestelle: S/U Zoologischer Garten

28 MITTAGSTISCH BEI BELLWINKEL

Im gemütlichen Güntzelkiez können Sie bei Bellwinkel einkehren und zu Mittag essen – an einem großen Holztisch in der Mitte des Verkaufsraums. Hier wird nicht nur täglich frisch und einfallsreich gekocht, Sie können sich auch mit feinen Spezialitäten und hübschen Dingen rund ums Thema Kochen eindecken.

Wenn Sie daheim eines der tollen Rezepte nachkochen möchten, können Sie im Bellwinkel einen Kochkurs besuchen.

Suppe, Vorspeisenteller (oftmals Gemüse vom Blech mit selbstgemachtem Dip oder Salat an hausgemachter Soße) und ein vegetarisches sowie ein Fleisch- oder Fischgericht stehen im Bellwinkel jeden Tag auf der Karte. Dazu wird frisches Brot serviert. Gekocht wird von Carola Doering und Pia Koppelkamm, die sich in ihrem Laden, der wie eine private Wohnküche wirkt, auf regionale und saisonale Gerichte spezialisiert und immer das gewisse Etwas im Blick haben.

Während das Essen portioniert wird und bevor Sie sich an dem großen Holztisch niederlassen (insgesamt haben nur zehn Personen am Tisch Platz), können Sie in dem kleinen Feinkostladen noch Vieles entdecken. Im Mittelpunkt steht nämlich eigentlich nicht die Kochkunst der beiden Besitzerinnen, sondern das bunte Potpourri aus hübschen Geschenkideen wie beispielsweise Ingwer-Marmelade, besonderen Ölen, Essigen und Salzen, Vegan-Kochbücher oder ausgefallene Chutneys. Das wechselnde Feinkost-Sortiment ist dabei nach einem speziellen, meist saisonalen Thema ausgerichtet.

Als Nachtisch werden feine Fiat-Noir-Schokoladenpralinchen, selbstgemachte Mohrenköpfe oder aus Frankreich importierte Macarons serviert. Auf diese süßen Leckereien können Sie sich bereits während des Essens freuen.

Ein Besuch bei Bellwinkel lohnt sich also nicht nur für den besonderen Mittagstisch zusammen mit netten Menschen aus dem Kiez, sondern auch, um ganz nebenbei das ein oder andere exquisite Geschenk zu besorgen. Vorbeischauen und Stöbern ist also dringend empfohlen!

Bellwinkel · Mo–Fr 10–19, Sa 10–14 Uhr · Güntzelstr. 46 · 10717 Berlin
Tel. 030/86396686 · Haltestelle: U Güntzelstraße

TRICANA
TRICANA
TRICANA
TRICANA
TRICANA
TRICANA
TRICANA
TRICANA
SARDINES PORTUGAISES À L'AIL
TRICANA
PORTUGUESE SARDINES WITH GARLIC

DEUTSCHLANDS ERSTE SARDINEN BAR

29

In Schöneberg gibt es eine ganz besondere Anlaufstelle für Genießer: ein Fischkonserven-Feinkost-Bistro, die Sardinen Bar. Hier kommen nur Dosen – aber sehr stilvoll – auf den Tisch und damit jede Menge mediterranes Flair in den Akazienkiez.

Mit Sardinendosen aus dem Supermarkt hat das Sortiment von Thomas Vetter nicht viel zu tun. Alle Dosen in seinem gemütlichen Bistro Sardinen Bar stammen von familiengeführten Betrieben in Frankreich oder Portugal. Wie das Konzept funktioniert? Sie wählen Ihre Wunschkonserve – von der edlen Jahrgangssardine über die Sardine mit kandierter Zitrone und Chili bis zur Variante mit Trüffel –, dann kommt die Dose auf einem Brett mit frischem Baguette und Salat auf den Tisch. Damit auch nichts daneben geht, halten Magneten alles von unten fest.

Augen zu, das salzige Gefühl auf der Zunge spüren und mit etwas Fantasie das Meer rauschen hören und eine sanfte Brise fühlen.

Die Idee dazu ist vor rund fünf Jahren in Lissabon entstanden, als Inhaber Thomas Vetter mit seiner Familie ebenda Urlaub gemacht hat. Er erzählt: »Dort gibt es ein kleines Cafe, das Sol el Pesca, wo man sich auch Fischdosen aussucht und genießen kann, naja, und nach ein paar Dosen und ein paar Flaschen Wein hat es ›Klick‹ gemacht. Das heißt: Ich habe die Produkte aus dem Laden genommen und ein Konzept geschrieben und im November 2016 selbst in Berlin eröffnet.« Auch wenn die Sardine derzeit nicht nur wegen ihres hohen Nährwerts im Trend liegt, wurde sie schon von den alten Römern geschätzt. Seinen Namen hat der zur Familie der Heringe gehörende Fisch von der italienischen Mittelmeerinsel Sardinien. Und der erste verbriefte Klub der Jahrgangssardinen wurde 1935 von Vyvyan Holland, dem Sohn von Oscar Wilde, in London eröffnet. Und wenn man mit Fisch nun gar nichts anzufangen weiß? Dann können Sie sich in der Sardinen Bar immerhin an dem schönen zweigeteilten Gastraum von Architekt Thomas Burlon erfreuen und genießen zum leckeren Wein alternativ eine Wurst- und Käseplatte.

Sardinen Bar · Di–Sa 17–23 Uhr · Grunewaldstr. 79 · 10823 Berlin
Tel. 030/58 84 41 70 · www.sardinenbarberlin.com · Haltestelle: U Kleistpark

30 MEHLSTÜBCHEN IN SCHÖNEBERG

Dem Schöneberger ist die Mehlmanufaktur sicherlich bekannt, doch auch alle anderen Berliner – vor allem Hobbybäckerinnen und Köche aus Leidenschaft – sollten diesen einzigartigen Ort kennen.

Neben dem Geruch von frisch gemahlenem Kaffee zählt der von Brot, das gerade aus dem Ofen kommt, zu den besten auf der Welt …

Wussten Sie schon, dass es extra Mehl für Nudeln gibt? Oder für Spätzle, Strudel und Pizzateig? Und dass Maultaschen mit besonderem Mehl viel besser gelingen? Oder haben Sie schon mal was von glutenfreiem Kichererbsenmehl oder speziellem Mehl für französische Brioches gehört? Wenn nicht, dann lohnt sich definitiv ein Besuch in der Welt des Mehls im Schöneberger Mehlstübchen, denn hier läuft alles getreu dem Motto: »Mehl ist wie guter Wein, es will richtig behandelt werden, dann kann es seine Stärke und Backeigenschaft zeigen.« Sehr viele Mehle – zum Beispiel auch aus Kanada, Österreich oder Ägypten – und natürlich in vielen unterschiedlichen Mahlgraden, um die besten Eigenschaften des Mehls richtig zu nutzen, stehen in den Regalen des kleinen Ladens.

Für Liebhaber von selbst gebackenem Brot ist die Auswahl an dem pulverförmigen Produkt fast schon zu groß, um sich zwischen all den verschiedenen Sorten entscheiden zu können. Alternativ können Sie sich mit einer der vielen Brotmischungen wie zum Beispiel Brandenburger Brot mit Dinkel, Vitalbrot, Toscanabrot mit Kräutern oder auch einfach nur dem altbewährten Bauernbrot eindecken, die sich auch ganz bequem online bestellen lassen.

Die Inhaberin Nicole Kamrath ist selbst gelernte Bäckerin und hat ihren Laden »nur« als Geschäft eröffnet, mittlerweile wird im Stübchen aber auch selbst gebacken. Für Allergiker und Diabetiker gibt es auch allerlei interessante Angebote. Sie bekommen in dem Schöneberger Spezialgeschäft die für ihren Bedarf geeignete Backmischung. Und wem das Brot partout nicht gelingen oder der Kuchen absolut nicht aufgehen will, dem hilft die Mehlexpertin jederzeit gerne und mit fachkundigen Tipps weiter.

Mehlstübchen · Mo–Fr 9–18, Sa 9–14 Uhr · Leberstr. 28 · 10829 Berlin · Tel. 030/74684141
www.mehlstuebchen.de · Haltestelle: S Julius-Leber-Brücke

Mehlstübchen
Pandoro
Focaccia
Ciabatta
Toscana
Brotmischung
Lebkuchenmischung
mit Dinkel
Muffinmischung
Bauernkruste
Wurzelkruste
Bauernbrot
Pommernbrot
Hausmischung
Schrot und Korn

SO RICHTIG DIE SEELE BAUMELN LASSEN

WELLNESS, ENTSPANNUNG UND UNTERKUNFT

31 COWSHED SPA IM SOHO HOUSE

Kommen Hollywoodstars in die Stadt, nächtigen sie im Soho House. Auch für Berliner Promis zählt der mächtige Bau an der geschichtsträchtigen Torstraße 1 zu den Hotspots der Stadt, sind sie dort schließlich unter sich. Was viele nicht wissen: Für den Zutritt ins großartige Cowshed Spa im Keller brauchen Besucher keine Mitgliedschaft.

George Clooney, Heidi Klum, Madonna – möchten Sie in Berlin einem Star begegnen, haben Sie gute Chancen, wenn Sie sich am Soho House postieren. Das exklusive Clubhaus lässt nur Mitglieder zu.

> Im Cowshed-Shop gleich einen Raumduft für zu Hause kaufen – dann hält das Entspannungsgefühl umso länger an.

Doch auch als »normaler« Besucher erhalten Sie Zutritt, wenn Sie sich im Wohlfühl-Spa entspannen, hübsch machen lassen oder exklusive Kosmetik kaufen möchten. Gearbeitet wird nämlich mit den in Deutschland noch nicht so bekannten Naturpflegeprodukten von Cowshed. Die Marke war 1998 eine der ersten, die sich auf Produkte mit 100 Prozent organischen, fair gehandelten und natürlich angebauten ätherischen Ölen spezialisiert hat. Sie hat ihren Ursprung in einem alten Kuhstall im englischen Somerset. Das Holz für die Verkleidung der Wände des Cowshed Spa im Soho House stammt sogar tatsächlich aus alten Kuhställen der Region Brandenburg. Für eine halbstündige Massage dürfen Sie zwischen verschiedenen, herrlich duftenden Aromaölen wählen: Horny, Lazy oder etwa Moody Cow, je nach Stimmungslage.

Auch die lange Geschichte des Hauses sollte kurz Erwähnung finden: Schließlich war das ehemalige Kaufhaus Jonass das erste Kreditwarenhaus Berlins. 1929 eröffnet, wurden die jüdischen Besitzer wenige Jahre später enteignet und der mehrstöckige Komplex Sitz der Hitlerjugend. Nach dem Zweiten Weltkrieg diente das Gebäude, »Haus der Einheit« genannt, als Zentrale der SED. Seit dem Jahr 2010 hat das Soho House hier seinen Sitz.

Cowshed Spa im Soho House Berlin · Mo–Fr 8–22, Sa/So 10–20 Uhr · Torstr. 1 · 10115 Berlin
Tel. 030/405 04 41 30 · www.cowshed.com/us/spa/locations/berlin
Haltestelle: U Rosa-Luxemburg-Platz, Tram Mollstraße/Prenzlauer Allee

Ruhestätte
Zaggert

VERWUNSCHENE OASE AUF DEM FRIEDHOF

32

Psssst! Ein wahres Kleinod zum Entspannen, Entdecken und Träumen mitten in Prenzlauer Berg ist der Leise-Park in der Heinrich-Roller-Straße. Er ist auf einer Teilfläche des früheren Friedhofs der Gemeinden St. Nikolai und St. Marien entstanden und erst seit einigen Jahren für die Öffentlichkeit zugänglich - ein echter Geheimtipp!

Eine Grünanlage wie den Leise-Park mitten in der Stadt zu entdecken ist eine wahre Freude. Nicht nur, weil grüne Oasen in Prenzlauer Berg ja sowieso dünn gesät sind. Sondern vor allem, weil diese mit ihrer Geschichte und Individualität punkten kann. Von Mauern umgeben, findet sich gleich neben der ziemlich lauten Prenzlauer Allee ein kleiner Fleck Wildnis. Der Leise-Park ist so verwildert, dass einem der Ort fast verwunschen vorkommt.

Wundern Sie sich nicht: Hier und da lugen efeuüberrankte Grabsteine aus dem Grün hervor. Schöne Grabanlagen sind in die Natur eingebettet. Schließlich war an dieser Stelle früher ein Friedhof. Von den zwei ehemaligen Teilflächen des St. Nikolai- und St. Marien-Friedhofs mit einer Gesamtfläche von rund 15 900 Quadratmetern hat man eine 6600 Quadratmeter große Fläche mit dem Ziel abgegrenzt, diese als Grünanlage für die Bewohner des Winskiezes nutzbar zu machen. Die andere angrenzende Fläche wird weiterhin und mittlerweile schon über 100 Jahre als Friedhof genutzt.

Das Konzept für den Leise-Park haben Anwohner, Kinder der benachbarten Heinrich-Roller-Grundschule und das Landschaftsplanungsbüro gruppe F gemeinsam entworfen: Möglichst viel vom ursprünglichen Charakter des Geländes sollte erhalten und die ehemalige Nutzung als Friedhof ablesbar bleiben – und das ist rundherum gelungen! Viele Bänke laden ein, sich mit einem Buch einen schönen Nachmittag »im kleinen Urwald in der Stadt« zu machen. Und für Kids gibt es jede Menge zu entdecken: Hängematten, Kletter- und Balancierparcours, »Asthütten« zum Bauen von Höhlen sowie einen Holzaussichtsturm – und natürlich jede Menge Platz zum Verstecken.

Leise-Park · März–Okt. tgl. 8–20, Nov.–Feb. tgl. 8–17 Uhr
außerhalb der Zeiten bleibt das Tor verschlossen · Eintritt frei · Heinrich-Roller-Str. 23
10405 Berlin · Haltestelle: Tram Prenzlauer Allee/Metzer Straße

TIEFENENTSPANNUNG BEI SABINE BIEVOR

33

Eine der besten Behandlungen der Stadt können Sie bei Sabine Bievor in Pankow genießen. Ihre goldenen Hände sind weit über Berlins Stadtgrenzen hinaus bekannt. So weit, dass auch internationale Klientel hierherkommt, um die Seele baumeln zu lassen.

Großstadtlärm, Hektik oder Stress haben keinen Zutritt in die Kreuzstraße 17 c. Dort, gegenüber vom Bürgerpark Pankow, praktiziert Sabine Bievor als Heilpraktikerin für Akupunktur, ganzheitliche Körper-/Energiearbeit und Schmerzbehandlung. Leise Entspannungsmusik, entspannende Farben und eine warme Behandlungsliege schaffen schnell genau die richtige Atmosphäre zum Abschalten. Um ihren Klienten ein Rundumerlebnis bieten zu können, geht Sabine Bievor nach dem Ansatz der Betrachtung des Menschen mit seinen vier Seinsebenen vor – des mentalen, emotionalen, physischen und spirituellen Körpers. Mit einer von ihr selbst entwickelten Technik kann das Körpergefühl nach einer Behandlung zu einem neugeburtlichen Erlebnis werden.

In vertrauensvoller und herzlicher Atmosphäre eröffnet sie auch den Raum für lebensbegleitende Gespräche, die in der darauffolgenden Körperbehandlung ihre Vertiefung finden. Eine 60-minütige Behandlung kostet ab 70 Euro.

In den Branchen Wirtschaft, Personal- und Bildungswesen, Journalismus sowie Kunst und Kultur war Sabine Bievor viele Jahre in Führungspositionen tätig und versteht, wovon ihre Klienten sprechen. Mit der Geburt ihres Sohnes erkannte sie mehr und mehr das Wunderwerk Mensch und richtete sich seit 1998 neu aus. Dem Bestehen der amtsärztlichen Heilpraktikerprüfung folgten ein dreijähriges Studium der Chinesischen Medizin und deren Sinologie, Ausbildungen zur Schmerz- und Entspannungstherapeutin/-pädagogin sowie Einweihungen in das energetische Arbeiten. Damit jeder in den Genuss ihrer Behandlungen kommen kann, gibt es für Menschen mit geringem Einkommen Sonderabsprachen, eine echte Herzenssache.

Heilpraktikerin Sabine Bievor · Termine nach Vereinbarung · Kreuzstr. 17 c · 13187 Berlin
Tel. 0160/91 16 16 16 · Haltestelle: Tram Rathaus Pankow

34 ZUR RUHE KOMMEN IM STADTKLOSTER SEGEN

EIne Rückzugsmöglichkeit mitten in der Stadt, die gewährt das Stadtkloster Segen, ein 1700 Quadratmeter großes Areal in Prenzlauer Berg. Das denkmalgeschützte Kirchengebäude an der Schönhauser Allee 161 bietet Meditation und »Kloster auf Zeit« an.

An der verkehrsumtosten Schönhauser Allee zwischen Senefelderplatz und Kulturbrauerei steht ein imposanter Backsteinbau samt Kirchturm. Wer ihn besucht, tritt in eine andere Welt ein und kann Stille finden. Oder den Sinn des Lebens. Oder auch einfach eine Tasse Tee und ein nettes Gespräch.

Das Stadtkloster Segen ist eine Mischung aus Kirche, Gästehaus mit sieben Zimmern, idyllischem Garten und Wohnraum der Communität Don Camillo, der evangelischen Stadtkloster-Gemeinschaft. Dabei ist das Kloster keines im eigentlichen Sinne. »Ah, ein Kloster, dann gibt es hier Nonnen und Mönche. – Nein, wir sind Familien. – Aber ein Kloster ist doch auf dem Land? Was machen die in der Stadt?«, gibt Georg Schubert, Leiter der Gemeinde, einige der vielen Fragen wieder, die ihm oft gestellt werden.

Was Sie als Gast hier finden: Formen des Gebets und des Gottesdiensts, die nicht ganz so alltäglich sind. Das heißt zum Beispiel, dass Sie den Gottesdienst aktiv mitgestalten können, dass sonntags um 20.30 Uhr Abendbesinnungen stattfinden oder Filmabende organisiert werden.

Zu den interessantesten Angeboten des Stadtklosters Segen zählt das »Kloster auf Zeit«. Menschen können sich für einen längeren, selbst gewählten Zeitraum vom Alltag zurückziehen und in eine andere Lebensform eintauchen. Sie nehmen dann am Leben der Gemeinde teil, sprechen Morgen- und Mittagsgebet miteinander in der Kirche, machen Frühstück im Gästehaus, genießen die Stille im wunderschönen Klostergarten, in dem übrigens auch chinesische Seidenhühner leben, oder packen bei handwerklichen Tätigkeiten mit an, wenn gerade Bedarf herrscht. Das Haus steht jedem offen – egal, ob Christ, Gläubiger oder Ungläubiger.

Stadtkloster Segen · Schönhauser Allee 161 · 10435 Berlin · Tel. 030/44 03 77 39
Kloster auf Zeit nach individueller Absprache · www.stadtklostersegen.de
Haltestelle: U Senefelder Platz

35 DAS ALTE NEUE CIRCUS-HOTEL

Es ist, wie das St. Oberholz an der Ecke gegenüber, eine Institution am Rosenthaler Platz: das denkmalgeschützte The Circus Hotel. Seine Rundumerneuerung 2020 macht es außergewöhnlich. Wenn Sie nicht Quartier beziehen, sollten Sie zumindest einen Blick darauf werfen!

Schon seit 2008 kümmert sich die Crew des Circus Hotel darum, dass Berlin-Touristen eine besondere Bleibe während ihres Aufenthalts finden: immer mit dem Fokus darauf, Gästen die Geheimtipps mitzugeben, die man sonst nur seinen Freunden verrät. Dieser Grundsatz wurde noch durch spezielle Berlin-Liebhabertouren (unbedingt mitmachen!) ergänzt. Das Erdgeschoss war zudem bekannt für seinen Szene-Breakfast-Spot Commonground, der im Mai 2020 seine Pforten jedoch für immer schloss.

Die Hotel-Macher hingegen starteten 2020 ihre groß angelegten Umbaumaßnahmen und ließen das privat geführte Haus generalüberholen – für 3,2 Millionen Euro. Seit Dezember 2020 erstrahlt das The Circus nun in völlig neuem Glanz. Neu ist auch, dass die wunderschöne, zum Verweilen gestaltete Lobby nun nur noch den Gästen vorbehalten ist. Kulinarische Genüsse wie Breakfast Burritos oder Turkish Eggs kommen von Codos, einem Café, das, ebenfalls neu, das gleiche Haus bewohnt, aber nicht zum Hotel gehört.

Insgesamt wird viel Wert darauf gelegt, Berliner Unternehmen zu unterstützen – das fängt bei der Schokolade von Belyzium als kleine Seelenstreichler auf dem Zimmer an, geht über die Frühstücksteller der Keramikkünstlerin Stefanie Hering und hört bei der Mitarbeiterkleidung von Hannes Roether auf. On top finden Sie in der Lobby einen Mini-Shop mit tollen Gimmicks Berliner Künstler, Produzenten und Kunsthandwerker. In Sachen Zimmer steht alles auf individuell, Bücher der Buchhandlung ocelot liegen bereit, die Matratzen kommen von Birkenstock, und die Klimaanlage ist eine ganz innovative Regelung über eine neu eingebaute Lehmdecke.

Tipp: Unbedingt im Innenhof die illuminierte 3D-Skulptur des Street Artist Cédric Le Borgne bestaunen – dafür genügt ein Blick in den Himmel …

The Circus Hotel · Rosenthaler Str. 1 · 10119 Berlin · Tel. 030/20 00 39 39
https://circus-berlin.de · Haltestelle: U Rosenthaler Platz

BESONDERE APARTMENTS VON NUMA

36

Bring some soul to travel - das ist das erklärte Ziel bei Numa. Dahinter steht COSI, ein junges in Berlin gegründetes Unternehmen, eine der ersten komplett digitalisierten Hotelketten - mit einer neuen Destination in Friedrichshain.

Numa ist ein Hotel fürs digitale Zeitalter – das heißt, dass Sie hier nicht an der Rezeption anstehen, bis Sie einchecken können. Das erledigen Sie via App, E-Mail, Telefon oder Facebook Messenger selbst. Mit einem elektronischen Schlüsselsystem kommen Sie in Ihr Zimmer oder Apartment. Der Concierge ist via WhatsApp erreichbar, Housekeeping erfolgt mittels App. Ein praktisches, innovatives Konzept – nahezu kontaktlos und kostensparend.

Weil auch auf Schnickschnack wie Fitnessräume und Spa verzichtet wird, gibt's Vier-Sterne-Niveau zu einem vergleichsweise günstigen Preis. Bei wirklich schöner, individueller Ausstattung, die den Standard eines Boutique-Hotels mühelos erfüllt. Geschlafen wird auf nachhaltigen Matratzen von Hypnos, die Zimmer sind durchdesignt, aber eben auch gemütlich.

Kuratierte Berlin-Tipps von Experten gehören ebenfalls zum Welcome-Package. Das Flaggschiff des Hotel-Start-ups, das 2019 in Berlin gegründet wurde, ist das Belfort im Kollwitzkiez, das über einen wunderschönen mediterranen Garten zum Entspannen verfügt. Neu hingegen, erst im Dezember 2020 eröffnet, sind die Sketch Rooms & Apartments in einem hübschen Backsteinbau mit großen Fenstern in der Grünberger Straße. Insgesamt gibt es 38 urbane Zimmer: Intimate ab zwölf Quadratmetern und Studios wie beispielsweise Family Living, voll ausgestattet mit Küche & Co. und rund 55 Quadratmeter groß – auch sehr gut für einen längeren Aufenthalt geeignet. Mit ihren dunklen Wänden sowie coolen Design- und Kunstobjekten holen sie definitiv schon ein großes Stück Berlin nach drinnen. Falls Ihnen das easy Konzept, das sich auf internationalem Expansionskurs befindet, gefällt: Sie finden es aktuell außerdem in München, Leipzig, zweimal in Frankfurt, Wien, Prag, Düsseldorf, Salzburg, Florenz, Mailand und dreimal in Spanien.

Numa, Sketch Rooms & Apartments · Grünberger Str. 54 · 10245 Berlin · Tel. 030/31 19 61 17
www.numastays.com/de · Haltestelle: Tram/Bus Grünberger Straße/Warschauer Straße

EINEN TAG LUXUS UND WOHLBEHAGEN, BITTE!

37

Sich einen Tag mal einfach königlich fühlen, das geht gut im luxuriösen Hotel de Rome, und zwar auch ohne dort zu übernachten. Erst eine Runde im längsten Hotel-Pool der Stadt schwimmen und dann zum klassischen Afternoon Tea – das ist Entspannung pur!

Sind Sie auf der Suche nach einer Wellness-Oase in Berlin, können Sie ins mittlerweile stadtbekannte Vabali Spa gehen oder sich eines der Berliner Hotel-Spas aussuchen. Nicht überall sind Nicht-Hotelgäste erwünscht, im Hotel de Rome schon! In dem Fünf-Sterne-Superior-Haus am geschichtsträchtigen Bebelplatz befand sich von 1889 bis 1945 der Hauptsitz der Dresdner Bank – und dort, wo einst Gold und Juwelen gelagert waren, also im Tresorraum, dürfen Sie sich heute auf 800 Quadratmetern entspannen. Neben dem 20 Meter langen, von Säulen gerahmten Pool stehen eine Finnische Sauna, ein Dampfbad mit Aromatherapie und ein Fitnessstudio für die Spa-Gäste zur Verfügung. Die Day-Spa-Karte gibt es ab 45 Euro pro Person, inkl. Getränken, Obst, Bademantel und Handtüchern. Massagen und Kosmetikbehandlungen sind natürlich im Angebot – ab Buchung einer 60-minütigen Behandlung ist der Eintritt ins Spa übrigens frei.

> Sich im Spa in den ultraweichen Bademantel kuscheln, den frischen Ingwertee neben sich, das leise Plätschern des Pools im Ohr, und die Großstadt ist meilenweit entfernt.

Der Business-Lunch im hauseigenen Restaurant ist in Kombination sehr zu empfehlen. An lauen Sommernächten bietet sich auch ein Besuch der legendären Dachterrasse an. Aber um das royale Gefühl abzurunden, sollten Sie an einem Freitag, Samstag oder Sonntag unbedingt noch den Afternoon Tea einnehmen. Die Tradition wird hier nach Vorbild des Londoner Schwesterhotels Brown's gepflegt. Entsprechend gibt's eine beachtliche Tee-Auswahl, dazu eine Etagere mit Sandwiches, Scones und Petit Fours sowie eine Candybar und eine Kuchenauswahl. Bitte unbedingt vorher reservieren!

Hotel de Rome Berlin · De Rome Spa: Mo–Sa 7–21, So 8–20 Uhr
Afternoon Tea: Fr–So 16.30–18.30 Uhr · Behrenstr. 37 · 10117 Berlin
Tel. Spa-Buchung 030/46 06 09 11 60 · www.roccofortehotels.com · Haltestelle: U Hausvogteiplatz

38 SONNENUNTERGANG VOR STADTKULISSE

Fast so voll wie in den beliebtesten Szene-Locations ist es im Sommer auf der Modersohnbrücke. Zahlreiche Friedrichshainer kommen dann hier zusammen, um kollektiv den Sonnenuntergang zu betrachten und Großstadtromantik zu genießen. Schließen Sie sich an!

Warum das so ist? Nun, die Brücke ist so konstruiert, dass die Fahrbahn innen vom Fuß- und Radweg getrennt ist – so können Sie sich niederlassen, ohne den hier sowieso spärlichen Verkehr großartig beachten zu müssen. Und: Der Blick auf die untergehende Sonne ist an dieser Stelle schön frei. Das liegt an den S-Bahn-Linien, die unter der Brücke entlanglaufen; so kann kein Häusermeer die Sicht versperren. Die Stabbogenbrücke, von den Berlinern auch liebevoll »Sunset Bridge« genannt, wurde zwischen 2000 und 2002

errichtet. Die Bauausführung der ca. 71 Meter langen und 20 Meter breiten Konstruktion kostete die Stadt Berlin rund fünf Millionen Euro. Benannt wurde die Brücke, welche die Ost-West-Achse der Berliner S-Bahn überspannt, nach dem deutschen Landschaftsmaler Friedrich Wilhelm Otto Modersohn.

An lauen Nächten wird das romantische Spektakel hier übrigens fast zu einer Art kleinem Straßenfest, so viele Fans finden sich an der Brücke zwischen Warschauer Straße und Ostkreuz zusammen. Dann wird Bier miteinander getrunken, Musiker trällern ihre Lieder, ab und an rattert ein Zug unten durch. Und wen es nach dem Untergang der Sonne noch nicht nach Hause zieht, der bewegt sich einfach in Richtung Boxhagener Kiez, wo sich eine Kneipe an die nächste reiht.

> Hier die Sonne untergehen zu sehen, ist schlicht atemberaubend und wunderschön. Funktioniert übrigens fast genauso gut auf dem Kreuzberger Pendant, der Admiralbrücke.

Allerdings empfiehlt es sich nicht nur an Silvester, sondern eigentlich an jedem schönen Wochenende, schon früh auf die Modersohnbrücke zu kommen – Sitzplatzreservierungen gibt es schließlich nicht.

Modersohnbrücke · 10245 Berlin · Haltestelle: S Warschauer Straße

39 ENTSPANNEN ÜBER DEN DÄCHERN DER STADT

Möchten Sie einfach mal einen Tag ausspannen, begeben Sie sich am besten hinauf aufs Dach des Grand Hyatt Hotel am Potsdamer Platz. Dort bietet der Club Olympus Spa & Fitness wohltuende Ruhe und riesige Panoramafenster, durch die Sie das Herz Berlins überblicken können, während Sie gemächlich Ihre Bahnen im Pool ziehen.

Einzigartig und aussichtsreich ist außerdem die begrünte 250-Quadratmeter-Dachterrasse: Auf den Liegen lässt es sich hier im Sommer wunderbar sonnenbaden. Fitnessraum, Sauna, Whirlpool, Dampfbad und jede Menge kosmetische Behandlungen wie fernöstliche Entspannungsrituale ergänzen das Angebot. Obst und Getränke stehen gratis bereit.

Club Olympus · tgl. 7–21 Uhr · Marlene-Dietrich-Platz 2 · 10785 Berlin
Tel. 030/25 53 15 90 · www.hyatt.com/de-DE/spas/Club-Olympus-Berlin/home
Haltestelle: S/U Potsdamer Platz

40 AKUPUNKTUR, DIE SICH JEDER LEISTEN KANN

Eine außergewöhnliche Adresse aus dem Bereich Gesundheit ist die Praxis Berlinakupunktur. Das Besondere: Als Patient bezahlen Sie nach dem Prinzip der sogenannten Working Class Acupuncture nur so viel Sie können und möchten – ab einem Mindestpreis von 21 Euro. *Working Class Acupuncture* ist in England und den USA weitverbreitet und bedeutet, dass Akupunktur auch für »Otto Normalverbraucher« möglich wird. Schließlich soll jeder unabhängig vom Geldbeutel von der effektiven Behandlungsmethode profitieren. Der Patient bestimmt selbst, wie viel er zahlt.

Dieses Konzept fand Roland Beißel, Heilpraktiker und diplomierter Akupunkteur, nachahmenswert. Deshalb gründete er seine Praxis in Kreuzberg – die erste dieser Art in Deutschland. Zu seinem Team gehören Therapeuten mit Ausbildungen verschiedener deutscher und chinesischer Institute.

BERLINAKUPUNKTUR · Im Gesundheitszentrum Bergmannstr. · Bergmannstr. 5 · 10961 Berlin · Tel. 030/35 30 66 54 · www.berlin-akupunktur.com · Haltestelle: U Gneisenaustraße, Bus Marheinekeplatz

41 CHILLEN AUF DEM DACH IM KLUNKERKRANICH

Ein bunter Mix aus Urban-Gardening-Projekt, Veranstaltungsort und Entspannungsoase ist der Klunkerkranich. Dieser Kulturdachgarten befindet sich auf dem obersten Parkdeck der Neukölln Arcaden und bietet so noch ganz nebenbei einen sagenhaften Panoramablick.

Einmal im Einkaufszentrum Neukölln Arcaden, fahren Sie mit dem Fahrstuhl ins fünfte Obergeschoss, laufen die Parkhausschnecke bis ins sechste Geschoss, und schon erstreckt »er« sich vor Ihnen: der Klunkerkranich Neukölln. Im Juli 2013 eröffnete der schöne »Vogel«, und sein Konzept unterscheidet sich ziemlich von den meisten anderen Dachterrassen der Stadt, die sich allein auf ihre schöne Aussicht verlassen. Neben gelegentlichen Partys, Workshops und Urban-Gardening-Projekten darf hier jeder herkommen, um

ein bisschen Abstand vom Alltag zu bekommen und die Seele baumeln zu lassen. Wenn die Sonne scheint, kann man sich auf den schönen Podesten räkeln, und für den Regenfall gibt es eine kleine Hütte.

Im Winter fand hier sogar schon ein kleiner Weihnachtsmarkt – adäquat zum Flohmarkt im Sommer – statt. Bei Workshops lernt man, wie man seine Balkonpflanzen winterhart macht, es gibt einen Sandkasten für Kids, einen Kickertisch für die Jungs und dazwischen jede Menge schöne Pflanzen, um die sich alle kümmern sollen. Für Musik sorgen entweder unterschiedliche Bands, oder DJs legen auf. Auch kulinarisch werden die Gäste verwöhnt mit leckeren Speisen von Egg Benedict über Pulled Pork Sandwich bis hin zum zweierlei marinierten Tofu, und mit Getränken, wie Kaffee, Cocktails und Co.

Insgesamt 1000 Quadratmeter Holz wurden für den Klunkerkranich verbaut. Kein Wunder also, dass es hier oben so gemütlich ist. Und dann noch der weite Blick über die Stadt bis hin zum Alexanderplatz – dazu ein Feierabend-Bier – das hilft ziemlich gut beim Runterkommen und Entspannen ...

Klunkerkranich · Karl-Marx-Str. 66 · 12043 Berlin
im Sommer tgl. 12–2 Uhr (ab 16 Uhr Einlass von Kindern nur in Begleitung der Eltern)
www.klunkerkranich.org · Haltestelle: U Rathaus Neukölln

42 ENTSCHLEUNIGUNG IM COMENIUS-GARTEN

Mitten in Rixdorf, dem wohl dörflichsten Ortsteil von Neukölln, liegt eine zauberhafte grüne Oase, die an den großen Pädagogen und Universalgelehrten des 17. Jahrhunderts erinnert: der Comenius-Garten, 1995 eröffnet und als gartenarchitektonische Umsetzung des Werkes von Johann Amos Comenius zu verstehen.

Bis 1920 war Neukölln eine eigenständige Stadt und nannte sich Rixdorf. Der Bezirk kann auf eine bewegte Geschichte zurückblicken. Er ist aus den Dörfern Britz, Buckow, Rudow und eben Rixdorf entstanden. Die alten Dorfkerne strahlen ländlichen Charme aus und sorgen dafür, dass die Erinnerung an die Stadtgeschichte wachgehalten wird. Wenn Sie auf Ihrem Bummel durch Rixdorf den etwas versteckten Klingelknopf am Gartentor in der

Richardstraße finden, erhalten Sie Zutritt zum zauberhaften Comenius-Garten und damit Einblick in das Wirken des Johann Amos Comenius. Dieser lebte von 1592 bis 1670 und war seiner Zeit in Sachen Philosophie und Pädagogik entscheidende Schritte voraus.

So forderte er eine grundlegende Allgemeinbildung für alle und ging als Pionier des 17. Jahrhunderts in die Geschichte der Pädagogik ein. Heute kennt seinen Namen kaum noch jemand, nur diese Gartenoase gegenüber dem Böhmischen Dorf zeugt noch von seinem Wirken. Denn der Garten, liebevoll mit Beeten, Wiese, Bach, Skulpturen, Teich und Wasserbecken gestaltet, ist als Lebensweg angelegt, in dem in jedem Lebensalter Erkenntnisse erlangt werden – ganz nach Comenius' Überzeugung.

Den Anfang des Lebens symbolisiert beispielsweise ein Walnussbaum, der Irrgarten gibt dem Schüler Rätsel auf, die Ziegelsteinmauer steht für den Beginn des Reifealters, und der Tod kommt in Gestalt des Gottesackers, des Friedhofs. Wem das etwas zu abgehoben klingt, der kommt einfach hierher, um zu lesen, sich zu entspannen und um sich an der Natur zu erfreuen.

Comenius-Garten · unregelmäßige Öffnungszeiten · Richardstr. 35 · 12043 Berlin
Tel. 030/686 61 06 · www.comenius-garten.de · Haltestelle: U Karl-Marx-Straße

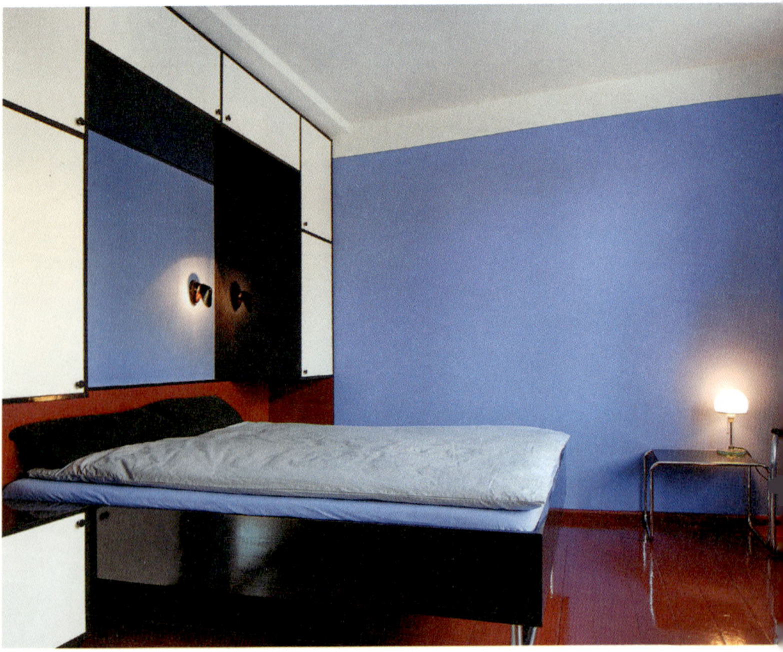

LIEBHABEROBJEKT: TAUTES HEIM

43

Ein Übernachtungstipp vor allem für architektonisch interessierte Gäste: Das denkmalgerecht renovierte Ferienhaus Tautes Heim in der Britzer Hufeisensiedlung, die von Bruno Taut zwischen 1925 und 1930 entworfen wurde und seit 2008 zum UNESCO-Welterbe gehört, ist ein Traum für Design- und Bauhaus-Fans.

Das authentische Berlin kennenzulernen, ist heutzutage nicht immer einfach. Wenn Sie Ihre Gäste allerdings im Ferienhaus Tautes Heim in Neukölln einquartieren, leisten Sie hierfür einen wertvollen Beitrag. Denn das Reihen-Endhaus, 65 Quadratmeter groß, mit drei Zimmern, Küche und Bad, hübschem Garten und Terrasse, wurde von Grafikdesigner Ben Buschfeld und der auf denkmalgeschützte Anlagen spezialisierten Landschaftsarchitektin Katrin Lesser mit Liebe zum Detail komplett im Stil der 1930er-Jahre möbliert und original wiederhergestellt – mit charmantem Inventar und in den für Taut so typischen kräftigen Farben.

Stellen Sie sich unter die alten Obstbäume des Reihenhausgartens in der Britzer Hufeisensiedlung und atmen Sie Historie.

Aber keine Sorge: Hier wohnen Sie nicht wie im Museum! Die Küche ist mit einem gebrauchstauglichen historischen Ofen sowie Kühlschrank, Mikrowelle und Spülmaschine ausgestattet. Heizung und Waschräume sind ebenfalls auf neuestem Stand, aber ohne die Historie dabei außer Acht zu lassen. Die drei Kachelöfen sorgen für heimelige Stimmung. Für architekturinteressierte Besucher steht zudem eine kleine Handbibliothek bereit.

Das Taute Heim ist übrigens ein Projekt von Liebhabern für Liebhaber: Die Bauherren wohnen seit fast 20 Jahren in der Hufeisensiedlung, nur knapp 100 Meter Luftlinie entfernt. Durch Zufall entdeckten sie das zum Verkauf stehende Haus und waren begeistert davon, wie viel Originalsubstanz hier noch vorhanden war. Das Ferienhaus erhielt übrigens als einer der Sieger des Berliner Denkmalpflegepreises auch den Europa Nostra Award. Zu mieten ist es ab drei Tagen für bis zu vier Personen ab 160 Euro/Nacht.

Tautes Heim · Hufeisensiedlung · 12359 Berlin · Tel. 030/60 10 71 93
www.tautes-heim.de · Haltestelle: U Parchimer Allee

44 MIT DEM HAUSBOOT LOSSCHIPPERN

Schwimmende Architektenträume liegen vor den Toren der Stadt direkt an der Dahme vor Anker. Der Nautilus Hausbootcharter bietet damit einen unvergesslichen Tagesausflug oder eine gesamte Urlaubswoche für Freizeitkapitäne und Designliebhaber.

Morgens statt in die Dusche zu springen erst mal im See abtauchen, tagsüber Berlins und Brandenburgs vielfältige Seenlandschaft entdecken und abends den Sonnenuntergang im Liegestuhl von der Terrasse des eigenen Hausboots aus bei einem Glas Wein genießen, das klingt traumhaft, kann aber schnell Realität werden. Im Juni 2011 hat Firmengründer und Architekt Andreas Hoffmann den ersten Prototyp seiner Nautilus Hausboote zur See gelassen. Seitdem baut er Boote nach individuellen Wünschen, vermietet die

schönen Gefährte aber auch für einen Urlaub der ganz besonderen Art. So können Sie beispielsweise den »Nautino mini«, der mit organischen Formen, viel Holz und Glas punktet und Platz für vier Personen bereit hält, ab 750 Euro pro Woche mieten. Das Modell ist 8,90 Meter lang, 3,60 Meter breit und bietet für seine Größe großartigen Komfort mit einer überdachten Terrasse auf dem Vordeck und einer weiteren großen auf dem Dach, einer Küche mit Kühlschrank und Kochfeld sowie raumhohen Ganzglasschiebetüren.

Der »Nautino maxi« hat ein zusätzliches Schlafzimmer und gewährt somit bis zu sechs Personen Platz. Auch dieses Boot kann als Ferienwohnung zum Übernachten gemietet werden (ab 950 Euro/Woche).

Der Name »Nautilus« kommt übrigens nicht von ungefähr, sondern ist bewusst gewählt – schließlich trug auch jenes legendäre U-Boot des Käpt'n Nemo aus der Feder von Jules Verne diesen Namen.

Falls Sie einen Hausbooturlaub planen: Hier kann jeder zum Seemann werden, denn es ist kein Bootsführerschein nötig. Also einfach in See stechen, ans Wunschplätzchen schippern und den Anker werfen.

Nautilus Hausbootcharter · Karl-Marx-Straße 169 · 15713 Königs Wusterhausen, Ortsteil Niederlehme · Tel. 030/24 35 55 87 · www.nautilus-hausbootcharter.de · Haltestelle: S Niederlehme

45 SCHWITZEN AUF DEM WASSER: SAUNAFLOSS

Hier gibt's »hygge«, also skandinavisches Wohlgefühl pur! Finnfloat ist Berlins erstes Saunafloß und bringt damit einen neuen Lifestyle-Trend aus dem Norden in die Hauptstadt. Das Floß gleitet über den Müggelsee und verbindet Saunawellness mit Natur und Abenteuer.

In Städten wie Stockholm oder Helsinki schwimmen mobile Saunen schon lange. Denn wenn jemand weiß, wie Saunieren geht, dann ja wohl die Skandinavier. Der Trend, einen Schwitzkasten nicht nur an ganz normaler Stelle zu haben, hat nun auch die Hauptstadt erfasst: Das erste finnische Saunafloß schwimmt auf dem Müggelsee. Es nennt sich Finnfloat und verbindet Spa und Wellness mit dem Naturpanorama von Berlins größtem Badesee.

Unter dem Motto »Cleaning your body and clearing your mind« heißt es »Leinen los« und schwitzen! Gründerin Rebecca Lang ist dabei die perfekte Gastgeberin als Saunameisterin, Entspannungstherapeutin und Finnlandkennerin. Ihre schwimmende Sauna wird mit einem Holzofen beheizt und schafft 100 Grad. Wenn Ihnen das zu warm ist oder wenn Sie mit Kindern vorbeischauen, können Sie die Temperatur aber auch individuell einstellen und runter auf 60 Grad gehen. Insgesamt 40 Quadratmeter groß ist die schwimmende Wellnessoase, Ruheraum, Dachterrasse und Sonnendeck inklusive. Das passt für vier bis sechs Personen locker, die so ganz wunderbar ungestört chillen können und dem Alltag entkommen.

Noch nicht romantisch genug? Sie können auch zu zweit auf dem Finnfloat übernachten und den Sternenhimmel vom Sonnendach des Floßes genießen. Dafür liegen ein Sternenteleskop und kuschelige Fleecedecken bereit, und am Morgen danach gibt's ein skandinavisches Frühstück. Mehr für den Alltag gedacht: die Sauna-Yoga-Stunden, Workshops gegen stressbedingte Krankheiten oder Entspannungs- und Aromaöltherapien. Neu und perfekt als Geschenk gibt es verschiedene Sauna-Rituale für zwei wie etwa »Suomi Love« mit Paar-Ritual zur Bündelung der Stärken oder »Tango für zwei« mit Blaubeerhonig-Peeling und Kräuterfußbad.

Finnfloat Anleger Base · Wassersportzentrum · Müggelseedamm 70 · 12587 Berlin
Tel. 0176/62 18 09 98 · www.finnfloat.de · Haltestelle: Tram Wassersportzentrum

IN DEN GÄRTEN DER WELT

46

Dass die Gärten der Welt in Marzahn mit ihrem einmaligen Konzept zu den sehenswertesten Grünanlagen Berlins gehören, ist bekannt. Und auch nach dem Ende der Internationalen Gartenausstellung, die 2017 stattfand, lohnt sich der Besuch, etwa um im Christlichen Garten zu meditieren, den filigranen »Wolkenhain« leuchten zu sehen oder in Berlins einziger Seilbahn die Welt von oben zu bestaunen.

Seit sich der IGA-Rummel in den Gärten der Welt gelegt hat, soll heißen, das Gartenfestival im Oktober 2017 zu Ende ging, bietet der sowieso schon großartige Park noch einige Highlights mehr. Schließlich wurde das Gelände speziell für diesen Zweck auf mehr als das Doppelte erweitert. In kulinarischer Hinsicht wäre einmal das italienische Restaurant Giardino Verde zu nennen, das seinen Gästen einen malerischen Blick auf die Seilbahn – und natürlich die umliegende Natur bietet.

> Neu im Oktober 2021 eröffnet wurde der Jüdische Garten. Hier können Sie unter prachtvollen Magnolien- und Feigenbäumen sitzen.

Die Gondeln, die den 102 Meter hohen Kienberg hochfahren, machen am höchsten Punkt Halt. Dort können Sie sich den »Wolkenhain«, ein spektakuläres Aussichtsbauwerk, anschauen. Drinnen befindet sich nun das Restaurant Wolke Sieben. Sie werden sehen: Von hier aus ist der Blick auf die vielen Plattenbauten ringsum definitiv der beste.

Neben den elf traditionellen Themengärten, die u. a. englische und Italienische Gartenpracht, einen Christlichen Garten und orientalische Gartenwelten zeigen, und den Wasserspielen im Sommer ist das »Cottage« im Englischen Rosengarten besonders schön. Hier werden zur Tea Time stilecht Scones mit Clotted Cream und Marmelade sowie Gurken-Sandwiches gereicht. Dazu gibt's Tee oder einen Whisky. Apropos Tee: Im traditionellen Teehaus im Chinesischen Garten können Sie jede Menge über Teekunst erfahren und sich bei einer Zeremonie mal eben nach Fernost beamen.

Gärten der Welt · tgl. ab 9 Uhr bis zum Einbruch der Dunkelheit
Blumberger Damm 44 · 12685 Berlin · Tel. 030/700 90 67 20 · www.gaertenderwelt.de
Haltestelle: Bus 195 Gärten der Welt

VOR DEN STADTTOREN: BIO-HOTEL AM SEE

47

Das Landgut Stober in Groß Behnitz nordwestlich der Stadt ist definitiv einen Ausflug ins Berliner Umland wert. Weil es ein Ort mit Geschichte ist, weil es sich dort direkt am lauschigen See herrlich entspannen lässt und weil sich der Inhaber Michael Stober mit jeder Menge Herzblut der Nachhaltigkeit verschrieben hat.

Rund 50 Minuten von der Berliner Innenstadt entfernt wartet ein Kleinod, dessen Entdeckung sich für den gestressten Großstädter sehr lohnt: das Landgut Stober. In Nauen im Ortsteil Groß Behnitz ist das imposante historische Backstein-Areal direkt am Groß Behnitzer See gelegen.

Hier finden Sie nicht nur die perfekte Kulisse zum Heiraten am Wasser – falls Sie nach einer suchen –, hier können Sie auch vortrefflich regional und saisonal speisen. Zu den Lieferanten aus der Umgebung zählen beispielsweise die Bio-Manufaktur Havelland oder der Forellenhof in Rottstock.

Nachhaltigkeit und ein bewusster Umgang mit der Natur und den Ressourcen werden im Landgut groß geschrieben, dafür setzt sich Inhaber Michael Stober leidenschaftlich ein. Sein zertifiziertes Bio-Hotel auf Vier-Sterne-Niveau (Übernachtung ab 89 Euro) hat Solarzellen auf dem Dach, bezieht das Holz zum Heizen aus dem eigenen 12,5 Hektar großen Wald, ist elektrosmogreduziert durch einen eigenen kabelgebundenen Internetanschluss, und im Hotelflur liegt gar ein »essbarer« Teppich aus 100 Prozent Mais. Highlight: die handgefertigten Bio-Matratzen des griechischen Herstellers Coco-Mat. Hier ist mehr als die Kosmetik Bio, ohne dabei zu ländlich zu sein. Im Gegenteil: Mit Sichtbeton und stilvollen Kunstwerken an den Wänden geht das Haus glatt als Designhotel durch. Und der Ort hat Geschichte: 1173 wurde der Ortsteil Groß Behnitz erstmals urkundlich erwähnt. Später ließ August Borsig, Sohn des legendären Unternehmers Albert Borsig, an dieser Stelle ein großes Ensemble an Ziegelbauwerken samt Brennerei, Schmiede, Wohnhaus, Werkstatt und Stallungen errichten. Der barocke Gutshof war damals um 1920 schon ein Agrarbetrieb mit modernsten Technologien.

Landgut Stober · Behnitzer Dorfstr. 29 · 14641 Nauen, Ortsteil Groß Behnitz
Tel. 033239/204 40 · www.landgut-stober.de

MAL WIEDER ZEIT FÜR KULTUR!

48 BIBLIOTHEK AM LUISENBAD

Wenn Sie sich gerne in schönen Bibliotheken aufhalten, dann haben Sie sicher bereits einen Blick in die sehr moderne Staatsbibliothek Unter den Linden geworfen. Wir wollen den Fokus in Sachen Bibliothek aber lieber auf ein etwas kleineres, architektonisch ebenfalls besonderes Juwel lenken: die Bibliothek am Luisenbad in Wedding.

Die Bibliothek befindet sich auf dem Gelände des ehemaligen Luisenbads in einem verkehrsgeschützten Bereich am Ufer der Panke. Dieser frühere Kur- und Amüsierbetrieb samt Quelle, Theater, Garten und Restaurant wurde nach Königin Luise benannt, nachdem sie diesem 1799 einen Besuch abstattete. Im Krieg wurde das Gebäude von Bomben fast vollständig zerstört, nur wenige Überreste waren noch erhalten, als das Architektenpaar Rebecca Chestnutt und Robert Niess dieses 1995 denkmalgerecht sanierte. Das Eingangsgebäude, Vestibül genannt, welches ehemals zum großen Saal führte, und das kleinere freistehende Comptoir waren noch letzte Reste des Luisenbads.

> Wenn die Sonne die Nasenspitze kitzelt, und Sie mit einem guten Buch draußen im ruhigen Lesegarten sitzen, dann ist das Vitamin D, gepaart mit Entspannung pur. Ganz viel Seelenfrieden!

Wenn Sie heute das Gebäude betreten, werden Sie sich in frühere Zeiten zurückversetzt fühlen. Gepaart wurden die Überbleibsel aus der Geschichte mit neuen, modernen Anbauten, die einen lichtdurchfluteten Ort kreierten. Die Baukosten beliefen sich auf 10,5 Millionen Euro.

Das Angebot der Bibliothek ist vielfältig; als Besonderheit sind die umfangreiche Sachliteratur sowie die große Auswahl an türkischsprachigen Büchern, DVDs, Zeitschriften und Tageszeitungen zu nennen. Außerdem gibt es Computer mit Internetanschluss mit eigenem Bereich für Kinder wie Erwachsene, und alle Titel der *Spiegel*-Bestsellerliste stehen zeitnah und kostenfrei zur Verfügung. Besondere Beachtung sollten Sie außerdem der wunderschönen Stuckdecke des Puttensaals schenken.

Bibliothek am Luisenbad · Mo–Fr 10–19.30, Sa 10–14 Uhr · Badstr. 39 · 13357 Berlin
Tel. 030/901 84 56 10 · Haltestelle: U Pankestraße

KAFE KÜCHE

wowgallery

BERLINS ERSTES SELFIE-MUSEUM

49

Selfie, Beauty-Pic und noch ein Foto just for fun: The Wow! Gallery bietet Ihnen die perfekten Locations für die perfekte Momentaufnahme – nützliche Tipps und Tricks inklusive.

Langweilige Touri-Fotos gehören der Vergangenheit an! Statt Ihren Freunden strahlend vor dem Brandenburger Tor, neben der Gedächtniskirche oder mit dem Fernsehturm im Hintergrund zuzuwinken, können Sie an diesem Ort das etwas andere Berlin-Erinnerungsbild schießen: In der The Wow! Gallery gibt's auf 1000 Quadratmetern über 30 interaktive Installationen nur dafür, dass Sie sich ganz bequem in Szene setzen und bunte Storys drehen können. Egal ob heiter im Bällebad in Gold, romantisch auf einem goldenen Mond sitzend oder doch lieber ganz clean in futuristisch-minimalistischer Kulisse mit grafischen Mustern. Oder wie wäre es mit einem Trampolin-Sprung über die Berliner Mauer? Hier finden Sie den ultimativen Social-Media-Hotspot, an dem nach Lust und Laune mit Stimmungen gespielt werden darf. Natürlich ist das Licht immer perfekt, und die Bilder und Videos gelingen stets, auch wenn Sie keine Model-Vorerfahrung oder Influencer-Gene haben!

Erschaffen wurde das Foto-Paradies von Regisseur Torsten Künstler, Kameramann Bernhard Jasper, Christian Pralle und Saskia van de Calseijde. Zusammen bringen es ihre Lebensläufe auf Blockbuster wie *Keinohrhasen*, *Schlussmacher* oder *Männerherzen* und die Erfolgsserie *Babylon Berlin*. Und weil die Kreativen sehr wohl wissen, was sie tun, sind die einzelnen Sets perfekte Bühnen für die Selbstinszenierung.

Die Wow! Gallery ist keine Schnelle-Geld-Nummer, sondern liebevoll gestaltet. Die stylischen Hintergründe, die sonst nur Stars in teuren Studios zur Verfügung stehen, bereiten hier allen Freude. Tickets müssen vorab online gebucht werden. 90 Minuten im Selfie-Museum kosten 29 Euro pro Erwachsener, das Familienpaket für bis zu fünf Familienmitglieder 69 Euro, und für Kinder unter 6 Jahren ist der Eintritt kostenlos – Rundum-Sorglos-Selfie-Paket inklusive: Es gibt Spinde und Umkleiden für den Outfit-Wechsel.

The Wow! Gallery · Do–So 10–17 Uhr · Greifswalder Str. 81 · 10405 Berlin
Tel. 030/91 51 89 40 · https://thewowgallery.de · Haltestelle: S Greifswalder Straße

50 KULTUR IM KREMATORIUM

Ob Ausstellung, Jazzfestival oder Videoinstallation – das silent green Kulturquartier lockt Sie mit einem abwechslungsreichen Programm in eine echt besondere Location. Denn in dem interessanten Bau mit Kuppelhalle wurden von 1912 bis 2001 Leichen verbrannt. Das Krematorium war die erste derartige Einrichtung in Berlin und die dritte im Königreich Preußen; Feuerbestattungen wurden erst 1911 offiziell genehmigt. Für die Umwidmung des Baudenkmals zum Kulturquartier ist das silent green beim FIABCI Prix d'Excellence Germany mit dem Silber Award 2020 gewürdigt worden. Als groß angelegter Kulturcampus bringt es rund 100 Berliner Kreative zusammen. Außerdem gibt es mit dem großartigen Restaurant Mars definitiv einen weiteren Grund, sich dieses Areal im Wedding mal genauer anzuschauen.

---

silent green Kulturquartier · Gerichtstr. 355 · 13347 Berlin · Tel. 030/12 08 22 10
www.silent-green.net · Haltestelle: S/U Wedding

51 EINE GALERIE WIE KEINE ANDERE

Berlin gehört weltweit zu den Städten mit den meisten Ausstellungen – Kunstliebhaber kommen also definitiv auf ihre Kosten. Eine ganz besondere Galerie finden Sie in der – auch architektonisch sehr interessanten – Frankfurter Allee: die renommierte Studio Galerie Berlin, die es schon seit 1975 gibt. Im Mittelpunkt steht zeitgenössische angewandte Kunst mit all ihren Facetten, ob individuell gestalteter Schmuck, Einzelanfertigungen von Keramiken, Holz- und Glasgestaltung oder besondere Grafik-Editionen.

Und das Beste: Die Unikate von etwa 70 verschiedenen Künstlern können Sie vor Ort nicht nur bestaunen und sich deren Geschichte vom Galerie-Team erklären lassen, sondern auch direkt kaufen. Das perfekte Berlin-Souvenir!

Außerdem gut zu wissen: Der Kiez, mit dem Boxhagener Platz um die Ecke, eignet sich auch perfekt zum Bummeln.

Studio Galerie Berlin · Di–Fr 10–19, Sa 10–16 Uhr · Frankfurter Allee 36a · 10247 Berlin
Tel. 030/291 08 50 · www.studio-galerie-berlin.de · Haltestelle: U Samariterstraße

52 ONKEL PHILIPP'S SPIELZEUGWERKSTATT

Große wie kleine Kinder lieben Onkel Philipps randvolle Spielzeugwerkstatt, die auch in Berlin als Recyclingbetrieb bekannt ist und viel mehr ist als nur eine Reperaturstätte. Für neugierige Entdecker gibt es im Keller das abenteuerliche Grab der DDR-Spielzeuge.

Wetten, dass Sie einen so randvollen Laden noch nicht gesehen haben! Denn bei »Onkel Philipp« sind drei Räume nahezu vollgestopft mit Spielwaren aller Art: Toaster aus Holz für die Puppenküche, Snowboards, Laufernräder, Musikequipment, Teddybären, Lego-Piratenschiffe und alles, was sich sonst noch in heimischen Spielzimmern auftreiben lässt.

Dabei setzt sich das Sortiment aus neuen und gebrauchten Spielsachen zusammen, auf insgesamt rund 110 Quadratmetern Fläche. »Wobei man eigentlich eher in Kubikmetern rechnen müsste«, lächelt der Besitzer Onkel Philipp. Schließlich steckt wirklich bis unter die Decke und in jeder kleinsten Ritze etwas zum Spielen. Jeder kann seine ausgediente Ware vorbeibringen und sie gewinnbringend eintauschen. Doch sollten Sie Zeit mitbringen. Besondere Aufmerksamkeit verdient auch das Museum im Keller, das außer an dem Schild »R.I.P.« nicht weiter erkennbar ist. Durch eine Schiebetür in einem hüfthohen Regal geht es eine abenteuerliche Wendeltreppe (Vorsicht: Kopf!) nach unten, dann erwartet Sie ein kleiner, niedriger Raum gefüllt mit Spielzeug aus Ostzeiten: ein Kaufladen, ein Lenkschlitten, ein Spielzeugauto der Volkspolizei, Sandmännchen-Figuren, PIKO-Spielwaren. Über allem hängt dekorativ die DDR-Flagge. Seit der Eröffnung seines Ladens 1997 sammelt Onkel Philipp Spielwaren aus Ostzeiten. Aus einem kleinen Museumsshop kann sich jeder ein Andenken mitnehmen. Wenn Sie es aber eilig haben und mit Kindern unterwegs sind, sollten Sie die Straße meiden! Bei den Spielsachen auf der Straße verweilt jedes Kind gerne.

Ein Bummel auf der fast pittoresken Choriner Straße fühlt sich wunderbar heimelig an, und das mitten in der Großstadt.

Onkel Philipp's Spielzeugwerkstatt · Di, Mi, Fr 9.30–18.30, Do 11–20, Sa 11–16 Uhr
Choriner Str. 35 · 10435 Berlin · Tel. 030/449 04 91
www.onkel-philipp.de · Haltestelle: U Senefelder Platz

BEEINDRUCKEND: BOROS COLLECTION

53

In unmittelbarer Nähe zum Friedrichstadtpalast betreibt ein Ehepaar ein 3000 Quadratmeter großes und noch ungewöhnlicheres Kunsthaus – die Sammlung Boros. Hier erwartet Sie keine bloße Ausstellung, sondern vielmehr eine kleine Festung mitten in der Stadt.

Beeindruckend ist schon der Bau an sich: 1942 wurde er als Schutzraum für die Zivilbevölkerung gebaut, später als Kriegsgefängnis und aufgrund seiner stetig kühlen Temperatur auch als Lager für Bananen genutzt, was ihm auch den Namen »Bananenbunker« einbrachte.

> Zumindest im Buch »Freunde von Freunden« (im Bunker-Shop erhältlich) können Sie einen Blick in Boros' großartiges Loft erhaschen, das man am liebsten gleich auch besuchen möchte.

2003 kaufte der Unternehmer und Kunstsammler Christian Boros den Bunker und ließ ihn fünf Jahre lang umbauen. Es entstand eine imposante Fläche für Kunstwerke und Installationen sowie ein Loft für Boros selbst auf dem Dach. Von 2008 bis 2012 war die erste Ausstellung zu sehen, bei der vor allem Ólafur Elíasson, ein Freund von Boros, mit seinen ebenso irritierenden wie faszinierenden Werken in halbrestaurierten Betonwänden punktete. Die zweite Ausstellung, die zwischen 2012 und 2016 über 200 000 Besucher verzeichnen konnte, setzte auf Namen, die den Kunstboom Berlins mitgeprägt haben, darunter John Bock oder Anselm Ryle.

Nun, in der aktuellen dritten Schau sind Werke der 1990er- und 2000er-Jahre zu bestaunen. In den umgestalteten, aber immer noch rohen Bunkerräumen hängen Bilder an den Wänden oder verlangen Skulpturen nach Aufmerksamkeit. Die poppigen Gemälde von Michel Majerus, der 2002 bei einem Flugzeugabsturz ums Leben kam, nehmen viel Raum in Anspruch. Nachhaltig im Gedächtnis werden Ihnen auch Arbeiten von Martin Boyce oder Shooting-Star Katja Novitskova bleiben, die während einer Führung gezeigt werden. Frühzeitig online anmelden, die Führungen sind schnell ausgebucht!

Boros Bunker · Do–So zu unterschiedlichen Zeiten · Eintritt nur in Verbindung mit einer 90-minütigen Führung möglich · auf Deutsch oder Englisch · Reinhardtstr. 20 · 10117 Berlin
Anmeldung unter www.sammlung-boros.de · Haltestelle: U Oranienburger Tor

54 ALTER GRENZTURM AM POTSDAMER PLATZ

In einer kleinen Seitenstraße inmitten der Neubauten rund um den Potsdamer Platz verbirgt sich ein Relikt der deutsch-deutschen Geschichte: ein sogenannter Rundblickbeobachtungsturm, unten rund, oben achteckig mit Turmkanzel. Sie können ihn besteigen und eine Reise zurück in die Zeiten des Kalten Kriegs unternehmen.

Insgesamt standen früher 302 Wachtürme an den DDR-Grenzsicherungsanlagen. Von dort aus hatten die Grenzwächter den sogenannten Todesstreifen im Blick. Der einzige seiner Art im Bezirk Mitte ist der Rundblickbeobachtungsturm in der Erna-Berger-Straße, ganz in der Nähe des Potsdamer Platzes und doch etwas versteckt liegend.

Im Jahr 1969 ist der zwölf Meter hohe Turm des Typs BT 6 entstanden, für den die mehreckige Kanzel mit den schräg gestellten Fensterelementen und den Schießscharten sowie der röhrenförmige, aus sechs Betonringen bestehende Turmschaft typisch ist. Auf dem Dach des Turms war außerdem ein schwenkbarer Suchscheinwerfer angebracht, der von der Kanzel aus über eine Fernbedienung gesteuert werden konnte.

Jeweils zwei Soldaten taten in der nur spärlich ausgestatteten Turmkanzel – so gab es immerhin eine, wenn auch unbequeme, Sitzgelegenheit und eine Luftfilteranlage, jedoch weder Heizung noch Toilette – rund um die Uhr ihren Dienst, wobei jede Schicht acht Stunden umfasste. Für die diensthabenden Soldaten galt übrigens strikter Schießbefehl, wenn sie einen Republikflüchtigen im Grenzstreifen ausmachten.

Der Turm wurde aufgrund von Bebauungsmaßnahmen nach der Wiedervereinigung rund acht Meter in östliche Richtung verschoben. Das Original-Relikt aus der Mauerzeit steht seit 2001 unter Denkmalschutz – mittlerweile kann der inzwischen durch eine private Initiative renovierte Turm auch besichtigt werden. Steigen Sie also über die zwei innen liegenden eisernen Leitern hinauf bis auf die Höhe der Baumkronen und werfen Sie, wie einst die Grenzsoldaten, einen Blick aus den Fenstern.

Grenzturm · tgl. 11–17 Uhr (außer bei Regen) · Erna-Berger-Straße · 10117 Berlin
Haltestelle: S/U Potsdamer Platz

KUNST-GEHEIMTIPP: FEUERLE COLLECTION

55

Ein ehemaliger Telekommunikationsbunker am Halleschen Ufer fand eine neue Bestimmung. Die Location erinnert stark an den beliebten Boros Bunker (S. 101), ist aber noch etwas unbekannter ...

Draußen findet sich nur ein dezentes Schild: The Feuerle Collection. Laufkundschaft kommt sowieso nicht rein, denn ein Besuch läuft seit der Eröffnung 2016 nur über Voranmeldung. Der erste Part nach Betreten des Kunstmuseums – die Öffnung hin zum Museum – ist speziell! Sie kommen in einen komplett dunklen Raum – für etwa zwei Minuten. Hier hören Sie Musik, *Music for Piano #20* von John Cage. Die Klänge sollen beruhigen und die Sinne »herunterfahren«. Um diese dann besonders effizient wieder »hochzufahren«: Langsam geht es dann um die Ecke, und der Kunstraum eröffnet sich – und damit eine andere Welt. Feine, in einem speziellen Lichtkonzept angestrahlte und auf Podesten oder in Vitrinen ausgestellte Khmerskulpturen sowie antike chinesische Lack- oder Steinmöbel blicken Ihnen entgegen. Dazwischen hängt zeitgenössische Kunst, vielfach in Form von erotischen Schwarz-Weiß-Fotografien. Natürlich wirken diese ganz besonders in der Umgebung der dicken Bunkerwände. Dieser wurde von Architekt John Pawson restauriert und für seine Funktion als Kunstmuseum angepasst.

Labels oder erklärende Texte an den Kunstwerken suchen Sie hier vergebens, darauf wird bewusst verzichtet – die versierten Museumsbegleiter geben aber gern sämtliche Hintergrundinformationen. Hinter einer Glaswand wartet noch etwas wirklich Spezielles, der sogenannte Incense Room für eine wahrhaft exklusive Duftzeremonie. Diese ist nur nach Absprache buchbar – für 1000 Euro mit vier Personen. Warum das so teuer ist? Weil eine ganz besondere Zeremonie stattfindet, bei der ein feines Duftholz an einem eigens dafür entworfenen, in China nach alten Methoden hergestellten Incense Tisch elektronisch erhitzt wird und sich die Düfte so optimal entfalten können. Die Feuerle Collection ist das erste Kunstmuseum weltweit, das der chinesischen Incense-Kultur einen derartigen Raum widmet.

The Feuerle Collection · Termine nach Online-Buchung · Hallesches Ufer 70 · 10963 Berlin
Tel. 030/25 79 23 20 · www.thefeuerlecollection.org/de · Haltestelle: U Mendelssohn-Bartholdy-Park

HIER LIEGT
HERMAN GRIMM
HIER LIEGT
RUDOLF GRIMM
GEB. 31. MÄRZ 1830
GEST. 13. NOVEMBER 1889
BEATI MUNDO CORDE
HIER LIEGT
WILHELM GRIMM
GEB. 24. FEBRUAR 1786
GEST. 16. DECEMBER 1859.
HIER LIEGT
IACOB GRIMM
GEB. 4. IANUAR 1785
GEST. 20. SEPTEMBER 1863.

GRAB DER GEBRÜDER GRIMM IN SCHÖNEBERG

56

Wussten Sie, dass die bekanntesten Märchenautoren der Welt, die Brüder Jacob und Wilhelm Grimm, auf dem St.-Matthäus-Kirchhof in Schöneberg begraben sind? Ein Ausflug dorthin lohnt sich aber nicht nur für Fans von Rapunzel, Rotkäppchen und Frau Holle.

Der Alte St.-Matthäus-Kirchhof im Rote-Insel-Kiez zählt zu den interessantesten Friedhöfen der Stadt, repräsentiert er doch das Berlin der Gründerzeit. Der Gottesacker wurde 1856 eingeweiht und gehört zur St.-Matthäus-Gemeinde, die im südlichen Tiergartenviertel beheimatet ist. Dieses wurde bis 1945 als Geheimratsviertel bezeichnet. Hier lebten viele reiche Unternehmer, Künstler und Wissenschaftler und fanden auch hier ihre letzte Ruhestätte. Heute zeugen in dem Friedhof mit der schönen Hanglage noch etliche große Wandgräber, Mausoleen und freistehende Bildwerke vom Reichtum der Verstorbenen.

> Nach ihrem Friedhofsbesuch sollten Sie noch einen hausgemachten Kuchen in Deutschlands erstem Friedhofscafé Finovo essen.

Besonders sehenswert sind die an den Umfassungsmauern aufgereihten, vom italienischen Stil inspirierten Erbbegräbnisstätten, aber auch die vielen Gräber von »Prominenten«, darunter die in Hanau geborenen Brüder Jacob Ludwig Karl und Wilhelm Carl Grimm. Diese zogen 1840 auf eine Einladung des preußischen Königs Friedrich Wilhelm IV. hin nach Berlin. Dort wurden die studierten Juristen, die sich als Rechtsexperten, Übersetzer, Mythen- und Sprachforscher einen Namen gemacht hatten, zu Mitgliedern der Akademie der Wissenschaften berufen. Das größte Wahrzeichen, mit dem die Stadt an ihre beiden berühmten Bürger erinnert, ist allerdings das 2009 eröffnete Jacob-und-Wilhelm-Grimm-Zentrum der Humboldt-Universität – eine architektonisch einzigartige Bibliotheks- und Forschungseinrichtung. Die Grabstätte der Brüder wirkt dagegen eher unscheinbar.

Zahlreiche Persönlichkeiten wie der Arzt Rudolf Virchow oder der Musiker Rio Reiser sind ebenfalls auf dem wunderschönen Friedhof beigesetzt.

Alter St.-Matthäus-Kirchhof · Großgörschenstr. 12 · 10829 Berlin
Haltestelle: S Yorckstraße

DEN OPFERN
DES FRÜHEN NAZITERRORS
1933
IN KELLERN DER KASERNE
GENERAL - PAPE - STRASSE

GESCHICHTSQUARTIER DER BESONDEREN ART

57

Am Südkreuz auf dem ehemaligen Militärgelände an der General-Pape-Straße ist ein Stück Geschichte erlebbar: Während der Schwerbelastungskörper, ein riesiger Betonkoloss, von dem Größenwahn der Nationalsozialisten zeugt, wird im noch recht jungen Gedenkort, dem SA-Gefängnis, an die hier Inhaftierten erinnert.

Der sogenannte Schwerbelastungskörper lässt sich gar nicht verfehlen: Er ragt 14 Meter in die Höhe, 18 Meter in die Tiefe und hat einen Durchmesser von 21 Metern. Alles massiver Beton, 12 000 Tonnen schwer, ein Nazi-Koloss, der an die größenwahnsinnige Stadtplanung der Nationalsozialisten erinnert und das einzige noch greifbare Zeugnis dieser Art ist.

Erbaut wurde der Klotz in der General-Pape-Straße 100 im Jahr 1941 nahe dem von Hitler geplanten Triumphbogen. Er sollte die Tragfähigkeit des Baugrunds für diesen Monumentalbau prüfen, später sollte der Boden aufgeschüttet und die Straße über ihn geführt werden. Nach dem Zweiten Weltkrieg wollte man ihn erst sprengen, doch lag er zu dicht am Wohngebiet. Bis 1983 wurde er dann von der Deutschen Gesellschaft für Bodenmechanik für Messversuche genutzt. Nicht nur von außen lässt sich das Bauwerk betrachten. Drinnen (Besichtigungszeiten unter www.schwerbelastungskoerper.de) werden Sie sich der Beklemmung kaum entziehen können, es ist dunkel, die Wände meterdick. Von einer Aussichtsplattform können Sie sich das mahnende Relikt von oben ansehen. Die städtebaulichen Dimensionen der damaligen Planungen werden anhand von Panorama-Schautafeln deutlich.

Einmal quer über das Kasernengelände der preußischen Eisenbahntruppen, befindet sich das sehenswerte SA-Gefängnis Papestraße, wo zu Beginn der Diktatur Menschen gefangen gehalten, gefoltert und ermordet wurden. Die SA-Feldpolizei hatte hier von März bis Dezember 1933 ein provisorisches Gefängnis eingerichtet und über 2000 Menschen in den Kellern inhaftiert. Nur durch einen Zeitzeugen wurden die Haftkeller 1990 wieder entdeckt, und 2011 eröffnete man den Gedenkort.

Gedenkort Papestraße · Di–Do, Sa, So 13–18 Uhr · Werner-Voß-Damm 54a
12101 Berlin · www.gedenkort-papestrasse.de · Haltestelle: S Südkreuz

58 INDUSTRIEDENKMAL UND WAHRZEICHEN

Weithin sichtbar überragt die Stahlkonstruktion den Bezirk. Der Schöneberger Gasometer, noch bis in die 1990er-Jahre in Betrieb, lockt Abenteurer und Neugierige hinauf zu einem Rundgang auf dem obersten Laufsteg in 78 Metern Höhe.

456 Stufen geht's auf Gitterrost nach oben, dann werden Besucher mit einem wunderschönen Ausblick auf die ganze Stadt belohnt: Den höchsten Rundgang der Stadt bietet der Gasometer Schöneberg im Rote-Insel-Kiez.

Doch können Sie diesen nur im Rahmen einer Führung erklimmen, bei der Sie viel über die Geschichte des früheren Gasspeichers und denkmalgeschützten Industriebaus erfahren. Der Gasometer wurde zwischen 1908 und 1920 nach Entwürfen des Architekten Alfred Messel auf dem Gelände der GASAG errichtet und war seinerzeit einer der drei größten Gasbehälter Europas. Bis in die Mitte der 1990er-Jahre speicherte er das Gas der Berliner Bevölkerung. Im Inneren der Stahlkonstruktion befindet sich ein Kuppelbau, in dem regelmäßig Veranstaltungen stattfinden. Die Besonderheit dabei: Die Kuppel ist von Wasser umgeben und CO_2-neutral beheizbar. Das transparente Kuppelzelt mit einer Grundfläche von rund 740 Quadratmetern ist übrigens dem Dach des Reichstagsgebäudes nachempfunden und wird auch als »Bundestagsarena« bezeichnet. Günther Jauch moderierte von 2011 bis 2015 von hier aus seinen bekannten Polittalk im Ersten.

Interessant ist aber auch das Gelände, auf dem sich der Gasometer befindet. Das 5,5 Hektar große Stadtquartier Euref versteht sich als Symbol der Energiewende in Deutschland. Zahlreiche internationale Unternehmen und Forschungseinrichtungen haben sich seit 2008 angesiedelt. Tolle Bilder vom Gasometer gibt es auch im Musikvideo des Liedes *Lila Wolken* (2012) von Marteria, Yasha & Miss Platnum. Die Berliner Musiker haben sich beim Dreh auch auf den Gasometer gewagt und den großartigen Ausblick genossen. Tipp: Machen Sie im Anschluss einen Abstecher ins Café im Wasserturm, das sich ebenfalls auf dem Gelände befindet, und trinken Sie dort einen Kaffee.

Gasometer · Informationen zu Führungen: www.euref.de · Torgauer Str. 12–15 · 10829 Berlin
Haltestelle: S Schöneberg

LIPPENSTIFTMUSEUM VON RENÉ KOCH

59

Keine öffentliche, eher eine private Sammlung mit Wohnzimmerflair erwartet Sie im Museum des Star-Visagisten René Koch. Führungen gibt es nur nach Anmeldung, dafür können Sie der Geschichte des Lippenstifts anhand vieler Exemplare auf den Grund gehen.

Visagist René Koch schminkte Hildegard Knef, Joan Collins, Claudia Schiffer und viele andere. Er arbeitete bei Yves Saint Laurent und kümmerte sich 40 Jahre lang in New York, London, Paris und Berlin um die Schönheit der Stars. Heute berät er noch etliche von ihnen, widmet sich aber auch liebend gern seiner Sammelleidenschaft: Etwa 300 Lippenstifte aus verschiedensten Epochen hat er schon beisammen. Seit 30 Jahren geht der gebürtige Heidelberger auf Flohmärkten oder in Foren auf die Suche nach kostbaren Lippenstiften. Diese und alte Plakate von Lippenstiften sowie 150 Kussabdrücke prominenter Frauen können Sie sehen, wenn Sie nach vorheriger Anmeldung bei Sekt in Kochs Wohnzimmer stehen. Den ersten »richtigen« Lippenstift stellte übrigens 1883 ein Pariser Parfümhersteller auf der Weltausstellung in Amsterdam vor: ein in Seidenpapier gewickelter Stift aus gefärbtem Rizinusöl, Hirschtalg und Bienenwachs.

> Im Anschluss an die Führung kann man sich einen echten Klassiker von Chanel im nicht weit entfernten KaDeWe kaufen.

Zu den kostbarsten Exemplaren zählt ein Stift mit Brillanten, Diamanten und schwarzen Saphiren in Emaillehülse aus den 1920er-Jahren (Art-déco, ca. 1500 Euro) und einer aus Sterlingsilber mit integrierter Puderdose und Spieluhr (Stummfilmzeit, ca. 750 Euro). Und Koch sammelt weiter: »Eine so große Lippenstiftsammlung wie meine endet nie, und so kaufe ich auch alles Neue, was in Sachen Lip Rouge auf den Markt kommt«, erklärt er. »Denn die Neuen von heute sind die Exoten von morgen. Schließlich soll meine Lippenstiftsammlung mich überleben und den Kosmetikinteressierten in 100 Jahren zeigen, was Anfang des 21. Jahrhunderts trendy war.«

Lippenstiftmuseum · Besuch nur nach telefonischer Anmeldung, erreichbar Mi–Fr 11–19 Uhr
Helmstedter Str. 16 · 10717 Berlin · Tel. 030/854 28 29 · www.lippenstiftmuseum.de
Haltestelle: U Berliner Straße

60 TAJ MAHAL IN WILMERSDORF

Die Rede ist nicht etwa von einem indischen Lieferservice. Hier geht es vielmehr um die bezaubernde Wilmersdorfer Moschee. Sie ist die erste und damit älteste Moschee Deutschlands und bringt mit ihren schlanken Minaretten einen Hauch von 1001 Nacht nach Wilmersdorf.

Vom Fehrbelliner Platz zweimal um die Ecke gebogen, und schon thront sie zwischen ganz gewöhnlichen Wohnhäusern: die Wilmersdorfer Moschee mit ihrer imposanten Kuppel und den beiden schlanken Minarett-Türmen. Sie wurde im indisch-muslimischen Stil nach dem Vorbild indischer Grabstätten und in Anlehnung an die Mogul-Architektur, dem auf dem Indischen Subkontinent zwischen dem 16. und der Mitte des 19. Jahrhunderts vorherrschenden Baustil, in den 1920er-Jahren erbaut. Damit ist sie sogar die älteste, noch im Ursprungszustand erhaltene Moschee in ganz Deutschland.

Da etwa 1400 in der Stadt lebende Muslime aus 41 Nationen (vor allem Lahore-Ahmadiyya-Anhänger) keine Möglichkeit für ihr tägliches Gebet sahen, schlossen sie sich 1922 zur Islamischen Gemeinde Berlin e.V. zusammen und errichteten ihre eigene Moschee. Fertiggestellt wurde das stattliche Bauwerk im Jahr 1927 vom Architekten Karl August Hermann. Ende des Zweiten Weltkriegs wurden das Wohnhaus des Imam, das baulich angeschlossen ist, sowie die Kuppel und die beiden Minarette zerstört. Erst 1952 wurde die Moschee mit einer Festpredigt wieder ihrer Bestimmung übergeben. Seit 1993 schließlich steht sie unter Denkmalschutz.

Während der Bau von außen tatsächlich etwas ans indische Taj Mahal erinnert, imponiert er innen mit kräftigen Farben unter der Kuppel, in der 400 Personen Platz finden. So sind die Wände und Decken in Ocker, Rot, Wasserblau und Weiß gehalten und mit Zitaten aus dem Koran in arabischen Schriftzeichen versehen. Übrigens: Menschen aller Religions- oder Glaubensrichtungen können die Moschee besuchen, die auch als islamisches Informationszentrum dient. Albert Einstein, Thomas Mann und Hermann Hesse sollen dem schönen Gebetshaus schon einen Besuch abgestattet haben …

Wilmersdorfer Moschee · Brienner Str. 7–8 · 10713 Berlin · Tel. 030/873 57 03
Haltestelle: U Fehrbelliner Platz

61 ZUM LESEN IN DIE TELEFONZELLE

BücherboXXen – das sind zu Mini-Büchereien umgebaute Telefonzellen, die sich in Berlin großer Beliebtheit erfreuen. Die Box am S-Bahnhof Grunewald steht in der Nähe des Deportations-Mahnmals Gleis 17, zahlreiche Bücher informieren daher über die NS-Zeit.

Kostenlos mitgebrachte Bücher gegen neuen Lesestoff eintauschen oder sich über die Zeit des Nationalsozialismus informieren – das bietet die BücherboXX in Wilmersdorf in Form eines nützlichen Kunstwerks. An der Eingangstür der umgestalteten Telefonzelle lädt bereits das Zitat von Isaac Luria die Besucher zum Nachdenken ein: »Das Vergessenwollen verlängert das Exil, und das Geheimnis der Erlösung heißt Erinnerung.«

Das Projekt ist wirklich beispielhaft. An der Umgestaltung der ausgemusterten Telefonzelle zur Straßenbibliothek waren Jugendliche aus verschiedenen Schulen und Ausbildungsbetrieben beteiligt. In Zusammenarbeit mit dem Brandenburger Künstler Rainer Ehrt bauten die Schüler die Telefonzelle zu einem optisch ansprechenden neuartigen Erinnerungsort um.

Ende 2017 wurde die in die Jahre gekommene Box saniert, farblich und auch technisch, und unter anderem mit einer HörboXX ausgestattet. Initiiert werden die BücherboXXen vom Institut für Nachhaltigkeit in Bildung, Arbeit und Kultur, das mittlerweile BücherboXXen in zahlreichen Ländern Europas betreut: Mit diesen wird ein altes Kulturgut, die Telefonzelle, zu einem neuartigen Objekt umgestaltet, das Menschen verbindet und nach dem Prinzip »Bring ein Buch, nimm ein Buch, lies ein Buch« funktioniert.

Die deutsche Geschichte ist ein Schwerpunkt der BücherboXX in Wilmersdorf. In die Entwicklung der Bücherei am Gleis 17, dem Mahnmal für die Deportation von über 50 000 Berliner Juden von 1941 bis 1945, wurde auch die Zeitzeugin Katharina Ehrlicher eingebunden. Sie berichtete den beteiligten Jugendlichen ihre Erfahrungen und Erlebnisse aus der NS-Zeit. In der Straßenbibliothek steht neben Sachbüchern zur Zeit des Nationalsozialismus auch Unterhaltungsliteratur zur Verfügung.

BücherboXX · am Bahnhof Grunewald · 14193 Berlin · www.buecherboxx.com
Haltestelle: S Grunewald

BücherboXX
am Gleis 17

62 AUSFLUG ZUM TEUFELSBERG

Jeder Berliner kennt den Teufelsberg im Grunewald. Die meisten wissen, was es mit diesem geschichtsträchtigen Ort auf sich hat. Wenn Sie tiefer einsteigen wollen, können Sie an einer Führung über das Gelände der alten Abhörstation teilnehmen.

Von der S-Bahn-Station Grunewald aus gehen Sie rund 20 Minuten durch den Wald, vorbei am alten Weinberg, wo in den 1970er-Jahren das Wilmersdorfer Teufelströpfchen angebaut wurde. Schließlich erreichen Sie das Areal, das von Zäunen und einem verschlossenen Eisentor umgeben ist: das ehemals von den Westalliierten als Abhörstation genutzte Gipfelplateau.

Eine Führung durch das Relikt des Kalten Krieges bringt Sie in die Gebäude der alten Abhörstation, vorbei an der ehemaligen Einlasskontrolle und

der Kantine zur früheren Telefonstation. Vom raumausfüllenden, klobigen, aber damals hochmodernen Dokumentenvernichter geht es weiter zum eigentlichen Highlight: den ehemaligen Radartürmen mit den riesigen Kuppeln, die Sie bereits bei der Anfahrt nicht übersehen können und unter denen früher die Abhörantennen versteckt wurden.

Genau deswegen war der Ort früher verboten und übt seither eine dunkle Faszination auf viele Berliner aus. Der beeindruckende Ausblick von den Türmen aus wäre allein den Besuch wert. Sie blicken über den Grunewald und ganz Berlin, bei gutem Wetter können Sie sogar den 35 Kilometer entfernten, 115 Meter hohen Müggelberg sehen.

Ebenfalls erlebenswert: Im obersten Stockwerk des höchsten Radarturms können Sie auf das Podest in der Mitte steigen und mit sich selbst sprechen – der Hall ist unglaublich. Deshalb finden an dieser Stelle auch gern Beatbox- und Akustik-Sessions statt. Eine besondere Erfahrung sind die »Flashlight Tours«, bei denen Sie, ausgestattet mit einer Taschenlampe, die alte Spionagestation auf dem Teufelsberg bei Nacht erleben können.

Teufelsberg · alle Infos zu den verschiedenen Führungen unter www.teufelsberg-berlin.de · Haltestelle: S Grunewald/Ausgang Eichkampstraße

KAFFEEKRÄNZCHEN BEI MAX LIEBERMANN

63

Ein Kleinod am Wannsee: Nach dem Besuch der Villa Liebermann können Sie im Sommer auf der Terrasse des Café Max sitzen und mit Blick auf den hübsch angelegten Garten und den Großen Wannsee Kaffee trinken. Ein Nachmittag hier fühlt sich an wie ein Kurzurlaub.

Ausflüge zum Wannsee sind beliebt. Wenn Sie es dabei noch nie in die Liebermann-Villa geschafft haben, sollten Sie das nachholen: Zum einen, weil die Kunstausstellung Max Liebermanns Werke vom Wannsee zeigt, das heißt, als Museumsbesucher sehen Sie Gemälde am Ort ihrer Entstehung und haben die Motive, etwa die Blumenterrasse oder den Staudengarten, direkt vor Augen. Zum anderen, weil das Gebäude, das der Berliner Maler und Grafiker Max Liebermann sich 1909 als Sommerhaus bauen ließ, wirklich ein kleines Schloss am See ist – so nannte es der Künstler selbst auch liebevoll.

Dann der Garten: In der fast 7000 Quadratmeter großen Anlage, die von Alfred Brodersen gestaltet wurde, hat Liebermann über 200 seiner impressionistischen Gemälde kreiert. Seine Inspirationsquellen sind unmittelbar spürbar: der romantische Birkenweg, die Heckengärten, die Blumen, alles mit klaren Sichtachsen konstruiert. Von 2002 bis 2006 wurden Haus und Garten übrigens denkmalgerecht rekonstruiert.

Ein Besuch im Café Max (geöffnet wie das Museum) rundet die kleine Reise ab. Gäste sitzen im ehemaligen Speisezimmer der Liebermanns, mit Parkettboden und Bildern an den Wänden. Schöner ist aber die Terrasse im Sommer mit dem Panoramablick auf Wasser und Parkanlage. Die verschiedenen sehr leckeren Kuchen und Torten stammen vom Bio-Konditor.

Auch für Familien lohnt sich der Ort: Die Kinder können auf der großen Wiese ausgelassen toben und stören dabei niemanden. Wenn Sie schon mal hier sind, lohnt auch der Besuch der geschichtsträchtigen Gedenkstätte Haus der Wannsee-Konferenz – der Ort, an dem 1942 der begonnene Holocaust an den Juden im Detail organisiert wurde.

Liebermann-Villa am Wannsee · April–Sept. Mi–Mo 10–18, Okt.–März Mi–Mo Di 11–17 Uhr
Colomierstr. 3 · 14109 Berlin · Tel. 030/80 49 84 33 · www.liebermann-villa.de
Haltestelle: Bus 114 Colomierstraße

Offene
Kirche

DIE ROMANTISCHSTE KIRCHE DER STADT

64

Idyllisch im Wald liegt die Kirche St. Peter und Paul auf Nikolskoe. Für alle Romantiker, die diesen Ort noch nicht besucht haben, ist der in die Havellandschaft eingebettete Backsteinbau ein absolutes Muss.

Im Wald zwitschern nur die Vögel, und die Blätter rauschen im sanften Wind, stündlich von zehn Uhr bis Sonnenuntergang ertönt ein Glockenschlag. Dieser kommt von Berlins wohl romantischster Kirche St. Peter und Paul auf Nikolskoe, von der aus man eine wunderschöne Aussicht auf die Havel und die benachbarte Pfaueninsel hat.

Kehren Sie danach in der historischen Gaststätte Blockhaus Nikolskoe (Nikolskoer Weg 15) ein und genießen Sie den Ausblick von der Terrasse aus.

Die auf einer Anhöhe gelegene Kirche mit dem markanten Zwiebelturm wurde bereits im August 1837 eingeweiht. Die russische Zarin Alexandra Feodorowna soll damals ihren Vater, König Friedrich Wilhelm III. von Preußen, davon überzeugt haben, in der Nähe der Pfaueninsel eine Kapelle »zum stillen Abendgebet« errichten zu lassen. Das Innere der Kirche steht in einem gewissen Kontrast zum russischen Äußeren der Kirche: Die Saalform und die Emporen sind das einzig original erhaltene Beispiel einer sogenannten Berliner Vorstadtkirche, ein Bautyp, der von Karl Friedrich Schinkel entwickelt worden war. Typisch ist die Kuppelform. Im Verlauf der letzten 140 Jahre haben die Zinkplatten jedoch ihre Farbe verloren, und so wurden die Kuppel des Zwiebelturms 1979 und 1980 restauriert und die Ziegel nach altem Vorbild neu verfugt.

Bis heute kommen viele Hauptstädter in diese besondere Backsteinkirche, um die Stille und die Natur ringsum in sich aufzusaugen und den Großstadtalltag für eine Weile hinter sich zu lassen. Besonders schön – und kaum zu fassen, dass man sich noch in Berlin befindet – ist es hier am Morgen, wenn noch keine anderen Spaziergänger und Boote unterwegs sind. Seit 1990 zählt die Kirche zum Weltkulturerbe der UNESCO.

Evangelische Kirche St. Peter und Paul auf Nikolskoe · Do–Sa 11–16 Uhr
Nikolskoer Weg 17 · 14109 Berlin · Tel. 030/805 21 00
www.kirche-nikolskoe.de · Haltestelle: Bus 316 Nikolskoer Weg

65 EHEMALIGE AGENTENBRÜCKE

Heute herrscht an der Glienicker Brücke reger Pendlerverkehr über die Havel. Kein Wunder, verbindet die 166 Meter lange Überführung doch Berlin-Zehlendorf mit der Berliner Vorstadt, einem Stadtteil Potsdams. Allerdings war während des Kalten Krieges dort keine Durchfahrt möglich, nur Diplomaten und Soldaten durften passieren.

Die heutige als Stahl-Fachwerkkonstruktion errichtete Brücke stammt aus dem Jahr 1907. Zuvor gab es an dieser Stelle bereits drei Vorgängerbauten, deren ältester am Ende des 17. Jahrhunderts entstand. Die gemauerten Kopfenden der Brücke schmücken steinerne Kentauren. 1937 wurde das Bauwerk um 4,50 Meter verbreitert und angehoben, um dem im zunehmenden Maße über die Brücke strömenden Verkehr Herr zu werden. Im Zweiten Weltkrieg zerstört, entstand zunächst ein provisorischer Holzübergang, bevor man 1947 mit dem Wiederaufbau begann. Im Dezember 1949 konnte das Bauwerk für den Verkehr geöffnet werden.

Besonders spannend: Ihren Zweitnamen »Agentenbrücke« trägt die Glienicker Brücke, weil sie in den Jahren 1962, 1985 und 1986 Schauplatz dreier spektakulärer Agentenaustauschaktionen wurde, bei denen insgesamt 40 Spione, die einen in West-, die anderen in Ostrichtung, die Brücke überquerten – in unserer Vorstellung natürlich nachts und bei dichtem Nebel.

Nur eine kleine Tafel an der Brücke erinnert an jene Momente in der langen Geschichte des Ost-West-Konflikts, als sich der Eiserne Vorhang für kurze Zeit hob. Noch einmal in die Zeit des Kalten Kriegs kehrte die Brücke zurück, als US-Regisseur Steven Spielberg im Herbst 2014 die Schlüsselszene seines Films *Bridge of Spies*, der vom Agentenaustausch des Jahres 1962 erzählt, am Originalschauplatz drehte.

Zu DDR-Zeiten gab es in der Mitte der Brücke einen weißen Strich, die Grenze zwischen Ost und West. Seit 1989 und mit dem Fall der Berliner Mauer ist die Glienicker Brücke uneingeschränkt befahrbar. Von der Brücke aus können Sie einen fabelhaften Blick auf die Havellandschaft genießen!

Glienicker Brücke · am Ende der Königstraße · 14109 Berlin
Haltestelle: Bus 316/N16 Schloss Glienicke

FILMTHEATER MIT RETRO-CHARME

66

Auch wenn wir die neueren Kinos der Stadt wie etwa den Zoo-Palast oder das Delphi Lux durchaus schätzen, legen wir Ihnen diese Kulturperle ganz besonders ans Herz: das historische Adria Filmtheater in Steglitz, 1950er-Jahre-Feeling inklusive.

Das Adria Filmtheater am Rathaus Steglitz ist ein echtes Relikt aus früheren Zeiten. Das charmante Kino wurde 1952 eröffnet und ist auch heute noch ein Lichtspielhaus mit anspruchsvollem Spielplan. Es gehört genauso wie das Titania und das Cinema zur Cineplex-Kino-Gruppe. Besonders zu empfehlen ist hier ein Besuch am Samstag zur traditionellen Matinee: Seit 1989 läuft hier die Schwarz-Weiß-Dokumentation »Berlin wie es war«. Der Film ist eine Stadtrundfahrt durch Berlin kurz vor dem Zweiten Weltkrieg und für alle Berliner wie Touristen ein toller Streifen, um zu begreifen, was die Hauptstadt ausmacht. Kurz nach seiner Fertigstellung wurde der Film zunächst von den Nationalsozialisten verboten, weil sich das Stadtbild durch die Bombenschäden verändert hatte. Die Uraufführung fand daher erst 1950 statt. Aber auch fernab dieses Films lohnt ein Blick auf das Programm.

> Genehmigen Sie sich im Sommer im Garten-Café (Achtung: Verkehrslärm!) eine leckere Currywurst im Glas, für noch mehr Original-Berlin-Gefühl.

Das Kino selbst konnte sich seine 1950er-Jahre-Anmutung weitestgehend bewahren, das Foyer hat sich seit damals kaum verändert. Die 275 Ledersitze sind allerdings heute wesentlich moderner und bequemer als damals. Mit verstellbarer Rückenlehne! Und einen kleinen Tisch mit Getränkehalter gibt's auch! Es kann gut sein, dass sich Ihr Kino-Besuch wie etwas ganz Exklusives, Privates anfühlt, weil der Kinosaal gerade an den Wochenendnachmittagen nicht aus allen Nähten platzt.

Gut zu wissen: Weil in den letzten beiden Jahren nun mal alles auf Entertainment daheim getrimmt werden musste, gibt's sämtliche Filme und Serien auch digital zu kaufen und zu leihen auf Cineplex Home.

Cineplex Adria Filmtheater · Schlossstr. 48 · 12165 Berlin · Tel. 0180/505 07 11
www.cineplex.de/berlin-titania · Haltestelle: U Rathaus Steglitz

67 SCHLOSS BRITZ – PERLE VON NEUKÖLLN

Dem weiträumigen Gelände rund um das denkmalgeschützte Schloss Britz sollten Sie unbedingt einen Besuch abstatten: Mit dem angrenzenden Gutshof bezaubert es mit einem prachtvollen Herrenhaus, einem vielseitigen Kulturzentrum, einem Museum und Schlossgarten, einer Musikschule, Weideflächen für Tiere sowie kulinarischen Genüssen.

Ganz in der Nähe der Britzer Hufeisensiedlung befindet sich das seit 1971 unter Denkmalschutz gestellte Schloss Britz. Das prächtige Herrenhaus des ehemaligen Britzer Ritterguts in Neukölln, verdientermaßen häufig als die »Perle des Bezirks« bezeichnet, wurde bereits Anfang des 18. Jahrhunderts erbaut – und ist damit, neben den beiden Restgütern in Steglitz und Tegel, das einzige in seinem Umfeld und in seiner Bausubstanz vollständig erhaltene Rittergut in Berlin.

> In den Sommermonaten können Sie einem der beliebten Konzerte auf der Freilichtbühne des schönen Gutshofs lauschen.

Sein heutiges Antlitz hat ihm der Besitzer von 1880 verabreicht, der die Fassade im Neorenaissance-Stil erneuern ließ und einen Turm hinzufügte. Auch der heutige Charakter des Schlossparks, in dem der älteste Ginkgobaum Berlins steht, geht auf diese Epoche zurück. Hier können Sie unter uralten Bäumen flanieren und das herrliche Grün genießen. Im Schloss warten in einer Dauerausstellung der damaligen Wohnkultur die historischen Räume auf Ihren Besuch. Zudem können Sie auch die Sonderausstellungen besichtigen, die in enger Zusammenarbeit mit internationalen Museen stattfinden, etwa einer Sammlung der Mapuche Silberschmiedekunst aus Chile. Im Gutshof mit den Wirtschaftsgebäuden aus dem 19. Jahrhundert hat sich seit 2007 einiges getan: Aus dem ehemaligen Kuhstall wurde der Kulturstall, in dem zahlreiche Konzerte und andere Veranstaltungen stattfinden, und im historischen Ochsen- und Pferdestall ist das Museum Neukölln zu finden, während das Schweizer Haus heute das Restaurant Buchholz Gutshof Britz beherbergt.

Schloss Britz · Di–So 12–18 Uhr · Park und Gutshof Führungen nach Anmeldung und So 14 Uhr · Alt-Britz 73 · 12359 Berlin · Tel. 030/60 97 92 30
www.schlossbritz.de · Haltestelle: U Parchimer Allee

68 BRÜCKEN VERBINDEN: MASSANTEBRÜCKE

Die Brücke, über die heute reger Verkehr fließt und auch Fußgänger und Radfahrer von einem Ufer des Teltowkanals zum anderen gelangen können, lag 28 lange Jahre brach. Niemand konnte hinüber oder herüber. Erst 1989, als die Mauer fiel und der Weg zwischen den getrennten Stadtteilen Neukölln und Treptow wieder offenstand, kamen die alten Nachbarn erneut zusammen.

Die Massantebrücke führt im Straßenverlauf der Stubenrauchstraße über den Teltowkanal und verbindet Rudow im Bezirk Neukölln mit Johannisthal im Bezirk Treptow-Köpenick. Benannt ist die Brücke nach dem Berliner Kommunalpolitiker Friedrich Karl Massante (1844–1916), der als Gemeindevorsteher von Rudow und als Mitglied der Kreis-Kanalkommission fungierte.

Heute erinnert nichts mehr an die geschichtliche Bedeutung des Ortes. Als schöne Alternative zur Anreise mit dem Bus können Sie die Massantebrücke mit dem Fahrrad über den Berliner Mauerweg entlang des Teltowkanals erreichen. Auf der Rudower Höhe können Sie noch alte Mauerreste sehen, die seit 2001 unter Denkmalschutz stehen.

Kaum mehr vorstellbar: Bevor 1989 am Rudower Westhafen der Grenzübergang für Fußgänger eröffnet wurde, fand wegen der Mauer 28 Jahre lang kein Austausch mehr zwischen den beiden Stadtteilen Neukölln und Treptow statt. Neukölln, das weitestgehend von Ostberlin und dem DDR-Umland umschlossen war, wurde gerne auch als das »Ende der Welt« bezeichnet. Die Massantebrücke zählt zu jenen Orten, an denen sich die getrennten Berliner zum ersten Mal wiedertrafen. Besonders symbolträchtig war das Zusammentreffen der beiden damaligen Bezirksbürgermeister Frank Bielka (Neukölln) und Günter Polauke (Treptow), die am 14.11.1989 vor laufenden Kameras und in Anwesenheit zahlreicher begeisterter Bewohner die beiden Ortsteile Rudow und Johannisthal mit einem Handschlag vereinigten.

Die heutige Brücke, die 14 Jahre nach der Maueröffnung im Jahr 2003 als Stabbogenbrücke aus Stahl errichtet wurde, ersetzt die Brücke von einst.

Massantebrücke · Stubenrauchstraße · 12357 Berlin
Haltestelle: Bus 172/M11 Massantebrücke

MASSANTEBRÜCKE

DAS LÄNGSTE LINSEN-FERNROHR DER WELT

69

Aus der Berliner Museenlandschaft nicht mehr wegzudenken: die Archenhold-Sternwarte in Treptow. Aber nicht nur eine Führung durch das bereits 1896 gegründete Haus ist sehr zu empfehlen, für Nachtschwärmer gibt es etwas ganz Besonderes!

Wer schaut in einer klaren Nacht nicht gern in den Himmel, um sich die hell leuchtenden Sterne anzusehen? Eben. Der Sache näher auf den Grund gehen können Sie bei einem Besuch der Archenhold-Sternwarte, die inmitten des Treptower Parks gegenüber der Ausflugsgaststätte Zenner liegt. Ihr schon von außen sichtbares Wahrzeichen ist ein riesiges in den Himmel ragendes Fernrohr, das mit 21 Metern längste Linsenfernrohr der Welt. Gegründet wurde die Warte als Volkssternwarte, später wurde sie bereits 1896 vom Astronomen Friedrich Simon Archenhold als Treptow-Sternwarte bezeichnet.

Bestaunen können Sie hier mehr als genug: den historischen Einstein-Saal, das Zeiss-Kleinplanetarium, das auf seiner Kuppel neben dem kompletten Sternenhimmel auch die Bewegung der Planeten unter den Sternen darstellt, oder etwa den mächtigen Eisen-Meteoriten. Auch für Kinder steht jede Menge Interessantes auf dem Programm: zum Beispiel unterhaltsame Mondkunde oder ein Besuch im Sternenhaus.

Ein ganz besonderes Erlebnis für die größeren Besucher ist die Nacht auf der Sternwarte, die nicht nur Romantiker begeistert. In den Monaten von April bis August wird dazu einmal im Monat um 22 oder 23 Uhr der Himmel über Berlin am 500-Millimeter-Spiegelteleskop beobachtet. Bei jeder der Veranstaltungen ist ein anderes astronomisches Objekt Thema des Abends, je nach Interesse und Wetterbedingungen können auch weitere Objekte beobachtet werden. Allerdings brauchen Sie auch ein klein wenig Glück mit dem Wetter! Sollten Wolken keine Beobachtung zulassen, hören Sie alternativ einen Vortrag zum Thema des Abends und gucken sich den aktuellen Sternenhimmel im Zeiss-Kleinplanetarium an.

Archenhold-Sternwarte · Fr 17.30–20, Sa 13.30–20, So 11.30–17.30 Uhr
Alt-Treptow 11 · 12435 Berlin · Tel. 030/53 60 63 70 · www.planetarium.berlin
Haltestelle: Bus 165/265 Rathaus Treptow

70 SCHMUCKSTÜCK SCHÖNEWEIDE

Hier kommen Sie nicht zufällig vorbei, hierher müssen Sie gezielt fahren: Das ehemalige Fabrikareal in Schöneweide direkt am Wasser ist ein Ort der Begegnung und Vermittlung – und gerade groß im Kommen. Stärken Sie sich erst im Café Schoeneweile und nehmen Sie dann an einer interessanten Führung teil.

Wer von der doch eher unschönen Wilhelminenhofstraße (vier Minuten mit der Tram vom S-Bahnhof entfernt) in die kleine Reinbeckstraße Richtung Wasser abbiegt, sieht es schon: das Café Schoeneweile, das in einem kleinen Pförtnerhäuschen untergebracht ist. Drinnen sorgt eine 1950er-Jahre-Tapete für Atmosphäre rund um den offenen Tresen. Viele Stühle gibt es nicht, aber eine gemütliche Sitzecke – und bei schönem Wetter ist es draußen auf den Liegestühlen sowieso viel lauschiger. Sogar ein Sandkasten zum Zeitvertreib für den Nachwuchs steht zur Verfügung. Zum kulinarischen Angebot des schnuckeligen Cafés gehören Kaffee, weitere Heißgetränke, Croissants, Cookies, Kuchen, belegte Brötchen – und leckere Bagels. Alles wird auf Vintage-Geschirr serviert, wie aus Omas Küchenbüffet.

Direkter Nachbar auf dem Gelände des ehemaligen Transformatorenwerks Schöneweide ist der Industriesalon. Dieser bietet verschiedene empfehlenswerte Führungen an, wie etwa die »Helden der Arbeit« oder die »Elektropolis-Tour«. Der Schwerpunkt liegt dabei auf dem historischen Gründerzentrum der Berliner Elektroindustrie mit seiner spannenden Geschichte. Sie wandern hier entlang an imposanten Industriefassaden, Zeugnisse der Berliner »Elektropolis« und entdecken verborgene Orte wie die historische AEG-Kantine oder eine eindrucksvolle Stockwerksfabrik. Ab 1897 baute die AEG in Schöneweide ihren weltweit größten Standort der Elektroindustrie auf – bis heute gilt das Industriegebiet als »Denkmallandschaft von bundesweiter Bedeutung«. Der Rundgang endet mit einem tollen Rundumblick auf Berlin und Umgebung vom Peter-Behrens-Turm aus.

Café Schoeneweile · Di–Fr 9–18, Sa, So 13–18 Uhr · Reinbeckstr. 9
12459 Berlin · Tel. 030/54 90 55 22 · www.cafe-schoeneweile.de
Industriesalon: Termine der Führung auf Anfrage · Reinbeckstr. 9 · 12459 Berlin
Tel. 030/53 00 70 42 · www.industriesalon.de · Haltestelle: Tram 27/63/67 Firlstraße

Kalter Caffè Latte 2,60
Stk. Kuchen 2,20
Tagessuppe 3,60/3,90
SCHOKO KUCHEN
Selbst-
bedienung

EIN AUSFLUG ZUM SCHLOSS BIESDORF

71

Sicher eines der schönsten Ausflugsziele im Bezirk Marzahn-Hellersdorf ist das Schloss Biesdorf samt seiner wunderschönen Parkanlage, in der Sie beim Flanieren allerlei sehenswerte Relikte aus ihrer Entstehungszeit bestaunen können.

Für einen ausgedehnten Nachmittagsspaziergang im Grünen, bei dem es neben dem ältesten und größten zusammenhängenden Baumbestand in ganz Marzahn noch weitaus mehr zu bestaunen und zu entdecken gibt, empfiehlt sich ein Ausflug in den Schlosspark Biesdorf.

> Im Anschluss können Sie zur Oberfeldstraße laufen, nördlich von der S-Bahn-Station Biesdorf gelegen, und dort im Restaurant Herkules griechisch essen gehen.

Ein lauschiger Fontänenteich mit angeschlossener Liegewiese, ein Eiskeller mit Freitreppe, ein Teepavillon und ein Rasen-Tennisplatz, der heute als Lesegarten genutzt wird, lassen die Historie, die diesem Ort anhaftet, aufleben. Denn all das sind noch sehenswerte Relikte aus der Zeit, in der der Park entstanden ist. Dies war etwa um 1900. Der Park dehnt sich auf einer Fläche von ganzen 141 060 Quadratmetern aus, und mittendrin steht die herrschaftliche Turmvilla, das Schloss Biesdorf. Dieses entstand zwischen den Jahren 1867 und 1868 nach italienischen Vorbildern mit Giebelfronten, Loggien und Pergolen. 1945 wurde das Obergeschoss dann durch einen Brand zerstört und später stattdessen durch ein Flachdach ersetzt. Im Frühjahr findet im Schlosspark auch das jährliche Biesdorfer Blütenfest statt. Das Schloss und der Landschaftspark stehen inzwischen als Denkmalensemble und Monument des Spätklassizismus unter Schutz und werden zudem als sozial-kulturelles Zentrum genutzt.

Nach umfangreichen Renovierungsarbeiten erstrahlt Schloss Biesdorf wieder in altem Glanz, samt historischem Obergeschoss. Anfang 2018 hat die landeseigene Grün Berlin GmbH die Betreiberschaft zurück an den Bezirk Marzahn-Hellersdorf gegeben. Nun stehen Kunstprojekte mit dem Fokus auf den städtischen Raum im Vordergrund.

Schloss Biesdorf · Mo, Mi, Do, Sa, So 10–18, Fr 12–21 Uhr · Alt-Biesdorf 55 · 12683 Berlin
http://schlossbiesdorf.de · Haltestelle: S Biesdorf/U Elsterwerdaer Platz

72 ARCHITEKTONISCH INTERESSANTE PERLE

Ludwig Mies van der Rohe, einer der herausragendsten Architekten der Moderne, entwarf das nach ihm benannte Haus in Alt-Hohenschönhausen, bevor er 1938 in die USA emigrierte.

Mitten in der Parklandschaft am Obersee steht der rote Flachbau, der von Ludwig Mies van der Rohe entworfen wurde – geliebt von Architekturfans, als Meisterwerk der Baukunst gefeiert. Zugegeben, auf den ersten Blick wirkt das Mies van der Rohe Haus mit seiner Backsteinfassade und dem flachen Dach eher unspektakulär. Gehen Sie unbedingt hinein: Denn drinnen eröffnet sich Ihnen mit den wandgroßen Terrassenfenstern, die den Blick auf die umgebende Parklandschaft freigeben, eine neue Perspektive. Hier scheinen Innen- und Außenwelt ineinander überzugehen. Das Bauwerk entstand in den

1930er-Jahren. Damals wurde es noch als Landhaus Lemke bezeichnet. Denn es war das Ehepaar Karl und Martha Lemke, das den L-förmigen Bau bei van der Rohe in Auftrag gab. Sie mussten ihr Haus allerdings kriegsbedingt schon bald wieder verlassen. Im Oktober 1945 fungierte es als Abstellkammer für die Rote Armee, später war es mal Wäschekammer, mal Hausmeisterwohnung oder Küche für Mitarbeiter des Ministeriums der Staatssicherheit in der DDR. Mies van der Rohe, 1886 in Aachen geboren, gilt als einer der bedeutendsten Architekten des 20. Jahrhunderts.

Spazieren Sie danach um den Obersee und den benachbarten Orankesee. Das Strandbad (9–19 Uhr, Gertrudstr. 7, www.strandbad-orankesee.de) wurde bereits 1929 eröffnet.

Dieses von ihm kreierte Gebäude steht seit 1977 unter Denkmalschutz. Nachdem es von 2000 bis 2002 saniert wurde, dient es heute als Ausstellungspavillon für Moderne Kunst. Wenn Sie eine der wechselnden Ausstellungen ansehen, sollten Sie auch den großflächigen Garten besichtigen.

Mies van der Rohe Haus · Di–So 11–17 Uhr · Eintritt frei · Führungen nur nach telefonischer Anmeldung 14 Tage im Voraus möglich · Oberseestr. 60 · 13053 Berlin · Tel. 030/97 00 06 18 www.miesvanderrohehaus.de · Haltestelle: Tram M5 Oberseestr./Tram 27 Buschallee/Suermondtstr.

13 WIE IN KINDERTAGEN: ALTE BÄCKEREI PANKOW

Das schöne Gebäude im Ortskern von Pankow möchte vor allem eines: Erinnerungen bewahren. So wurde die Alte Bäckerei Pankow 2001 liebevoll saniert und beherbergt seitdem ein Museum, eine historische Backstube sowie eine besondere Ferienwohnung.

In Pankow befindet sich das wahrscheinlich einzige Kindheitsmuseum, in dem mit sämtlichen Ausstellungsstücken auch wirklich gespielt werden darf – also tatsächlich ein Ort, an dem sich Kinder wohlfühlen können.

Ruthild Deus, die das historische Gebäude übernommen hat und denkmalgerecht sanieren ließ, hat mit viel Herzblut eine einmalige Sammlung aus verschiedenen Jahrzehnten zusammengetragen. Und sie führt kleine Gruppen persönlich durch die diversen Stuben. Von 1875 bis 1964 war in dem Haus der Betrieb von Bäckermeister Carl Hartmann untergebracht. Im Erdgeschoss ist noch die alte Wohnungseinrichtung ausgestellt, welche die Lebensverhältnisse einer Handwerkerfamilie im Dorf Pankow um 1900 greifbar macht.

Danach ein Abstecher in den Bürgerpark Pankow mit seinem imposanten Eingangstor, der kleinen Parkbücherei und dem Tiergehege mit den Bergziegen.

Unter dem Dach des Hauses hat Deus eine Ferienwohnung für bis zu vier Personen eingerichtet. Wenn Sie diese beziehen, können Sie den Charme vergangener Zeiten auf sich wirken lassen und wie zu Omas Zeiten wohnen. Geschlafen wird in alten Bauernbetten und gebadet in einer Holztrogwanne – allerdings mit fließendem warmen Wasser.

Tipp: Am besten legen Sie Ihren Besuch in diesem alten denkmalgeschützten Juwel auf dienstags, mittwochs oder freitags. Dann wird nämlich zwischen 15 und 18 Uhr im großen historischen Brustfeuerungsofen echtes »Pankower« gebacken – ein Märkisches Landbrot nach Demeter-Vorschrift, das mit seiner leckeren Kruste und dem würzigen Aroma nach Tradition schmeckt. Denken Sie daran, eins oder gleich zwei davon mitzunehmen.

Alte Bäckerei – Museum für Kindheit in Pankow · Museum Di 11–17 Uhr
Backstube Di, Mi, Fr 15–18 Uhr · Wollankstr. 130 · 13187 Berlin · Tel. 030/486 46 69
www.alte-baeckerei-pankow.de · Haltestelle: Tram M1 Rathaus Pankow

HOLZOFENBÄCKEREI
PANKOWER
MUSEUM
BROT
SEIT 2006
MÄRKISCHES LANDBROT

BUDDHISTISCHES HAUS IN FROHNAU

74

Ein Juwel mitten in Frohnau: Das Buddhistische Haus ist die älteste buddhistische Tempelstätte Europas. Die Sehenswürdigkeit lädt Sie herzlich ein, wenn Sie Unterstützung auf Ihrer Wegsuche benötigen – und bringt Ihnen die Welt des Buddhismus näher.

Bei Ihrem Besuch betreten Sie das Grundstück, das mitten im Grünen liegt, durch ein im ceylonesischen Stil erbautes Tor. Dann erwartet Sie eine steile Treppe mit 73 Stufen, ein Symbol für den achtfachen Pfad, den Buddha zur Erlösung vom Leid der Vergänglichkeit beschritt.

Der Schriftsteller und Arzt Paul Dahlke reiste vor mehr als 100 Jahren häufig nach Asien und wurde schließlich selbst Buddhist. Kurz nach dem Ersten Weltkrieg kaufte er dann das 36 500 Quadratmeter große, bewaldete Land in Frohnau und begann damit, ein Zentrum für die buddhistische Religion zu konzipieren. Der Bau wurde zum einen durch Spenden, zum anderen durch eigene Mittel finanziert und 1924 schließlich fertiggestellt, 1926 folgte ein Tempel. In der Bibliothek füllen mehr als 3000 verschiedene Werke über die buddhistische Lehre die Regale, aber es gibt auch Bücher über andere Weltreligionen. Regelmäßig stattfindende Meditationen sowie ein abwechslungsreiches Programm an Vorträgen und öffentlichen Kursen bringen dem interessierten Gast die Welt des Buddhismus näher. Das Buddhistische Haus zählt heute zum kulturellen Erbe und steht unter Denkmalschutz. Den geistigen Mittelpunkt des Hauses bildet der hier lebende buddhistische Mönch Mahāgama Suwineetha Thero aus Sri Lanka.

Gut zu wissen: Der Besuch gestaltet sich für Neulinge ganz zwanglos, jeder darf sich mit der buddhistischen Lehre beschäftigen, im Tempel für sich allein meditieren, es gibt keinen Mitgliedsbeitrag und auch keine Kirchensteuer. Für die persönliche Auszeit bietet sich auch das SelbstRetreat an.

Zu Fuß können Sie hinterher noch den Berliner Ortsteil Frohnau mit seinen schicken Villen mitten im Grünen erkunden.

Buddhistisches Haus · Tempel/Meditationshalle tgl. 9–18 Uhr · Bibliothek und Büro Di–So 9–18 Uhr
Edelhofdamm 54 · 13465 Berlin · Tel. 030/401 55 80 · www.das-buddhistische-haus.de
Haltestelle: S Frohnau, dann zu Fuß noch ca. 1000 Meter

HEUTE WILL ICH RAUS!

75 CHARMANTER KREATIVORT: DIE MALZFABRIK

Geht es um Orte zum Innehalten in unserer trubeligen Großstadt, sollten Sie die Malzfabrik in Schöneberg kennen, ein Fabrikgelände mit Geschichte und pulsierender Anziehungskraft. Gerade im Sommer empfehlen wir einen Besuch zum Beine-im-Wasser-Baumeln …

Die gründerzeitlichen Klinkerbauten und besonders die vier Darren auf dem Dach sehen Sie schon von Weitem, schließlich handelt es sich bei der Malzfabrik um Europas einst größte Malz-Produktionsstätte. Neun historische Gebäude, eine große Parkanlage mit einem Weiher und einem Freizeitbecken, ein Strand, mehrere Naturgärten, eine Stadtfarm und ein Bürokomplex sind hier heute zu finden – ein Ort für Künstler, Visionäre und Neugierige. Wenn Sie sich unauffällig unter die Berliner Kreativszene mischen wollen, können Sie das hier jedenfalls tun. Verschiedene Start-ups, Kreativfirmen und kleinere Manufakturen haben in der Malzfabrik heute ihren Sitz.

1914 startete die Schultheiss Brauerei AG den Bau einer modernen Mälzerei, 1996 wurde sie stillgelegt, dann feierte der KitKatClub auf dem Gelände wilde Partys. Seit 2005 wird diesem knapp 50 000 Quadratmeter großen, unter Denkmalschutz stehenden Areal neues Leben eingehaucht. Es wurde und wird weiterhin liebevoll restauriert und ökologisch optimiert – Nachhaltigkeit wird dabei großgeschrieben.

Wenn Sie sich für Geschichte interessieren, sollten Sie sich auf die »Malzreise« begeben und sich von teils unberührten Industrieanlagen faszinieren lassen. Die Bauwerksgeschichte und der Ablauf des Mälzens anhand der noch erhaltenen Maschinen stehen im Mittelpunkt dieser Führungen. Sie werden an zwei Samstagen im Monat von tunneltours angeboten, Termine finden Sie online.

Auch verschiedene Kunst- und Kulturangebote lohnen einen Besuch der inspirierenden Malzfabrik, die für ihre Revitalisierung bereits mehrfach ausgezeichnet wurde.

Malzfabrik · Mo–Fr 7–21, Sa 9.30–15 Uhr · Bessemerstr. 2-14 · 12103 Berlin
Tel. 030/755 12 48 00 · https://malzfabrik.de · Haltestelle: Bus Eresburgstr.

Willkommen im Brunnenviertel

GLEIM-OASE: DIE GRÜNE INSEL IM WEDDING

76

Am Eingangstor zum Wedding liegt ein kleines grünes Paradies, das sich auf einer ca. 550 Quadratmeter großen Verkehrsinsel erstreckt: die Gleim-Oase, die nicht nur direkte Anwohner als Refugium und Wohlfühlort mitten in der Stadt nutzen können.

Wenn Sie aus dem Gleimtunnel Richtung Wedding fahren, empfängt Sie die Gleim-Oase mit den orangefarbenen Lettern »Willkommen im Brunnenviertel«. Fast unscheinbar wirkt das Areal, und doch verbirgt sich hier ein grünes Paradies mit vielen Blumen, Wildkräutern, Bäumchen und Pflanzen, mit Bänken dazwischen, die zum Verweilen inmitten des Großstadttrubels einladen. Dass die Gleim-Oase heute in derartiger Pracht erstrahlen kann, ist Dunja Berndt und Holger Eckert zu verdanken, die sich lange Jahre um das damals verlassene Fleckchen Erde am Gleimtunnel kümmerten.

Der tatsächliche Ursprung der Gleim-Oase liegt allerdings viel weiter in der Vergangenheit: Mitte der 1980er-Jahre hatte das Berliner Architektenpaar Carlini das Projekt gestartet. Übrig geblieben sind aus der Zeit noch hübsche Rankhilfen, die meisten in Form von Vögeln. Heute dient der Skulpturenpark als Ort zum Kaffeetrinken oder auch mal als Veranstaltungsort für eine Lesung. Vor allem das Hochbeet erfreut sich im Sommer großer Beliebtheit: Da hält Mutter Natur mit vielen bunten Blumen, Pflanzen und dazu noch Hummeln, Bienen und Käfern Einzug in die Stadt.

Das Konzept des städtischen Garten Eden: Alle sollen mitmachen und Spaß daran haben. Es herrscht das Prinzip Geben und Nehmen. Jeder Anwohner kann sich bedienen und Sämereien mitnehmen. Aber wenn er sich eine Pflanze aussucht, wäre es natürlich schön, wenn er dafür eine andere einsetzt. Da die beiden engagierten Gärtner aus Altersgründen bzw. aufgrund des Todes von Holger Eckert ausgeschieden sind, sucht man nun nach Nachfolgern in der Pflege dieses Kleinods. Letzten Endes bleibt nur zu hoffen, dass dieses Begrünungsobjekt, das vom Quartiersmanagement Brunnenviertel sowie vom Grünflächenamt unterstützt wird, noch lange Bestand hat.

Gleim-Oase · Gleimstraße · gleich hinter dem Gleimtunnel in Richtung Wedding · 13355 Berlin
http://gleim-oase.de · Haltestelle: U Voltastraße

77 PARK MIT GEFÄNGNIS-FLAIR

In der Gegend rund um den Hauptbahnhof entsteht einer der neuesten Kieze: Europacity mit seinen architektonisch interessanten, sehr modernen Gebäuden. Es gibt genau hier aber auch eine außergewöhnliche Grünanlage zu entdecken: den Geschichtspark Ehemaliges Zellengefängnis Moabit. Dieser wurde in seiner heutigen Form 2016 eröffnet und liegt ganz gut versteckt hinter einem Teil der noch erhaltenen, fünf Meter hohen Gefängnismauern. Die Idee seiner sternförmigen Gestaltung ist, an das preußische Zellengefängnis zu erinnern, das von 1849 bis 1957 als solches genutzt wurde. Es galt damals aufgrund seiner Einzelzellen anstelle der bis dahin üblichen Gemeinschaftszellen als besonders modernes Gefängnis. Der Park präsentiert sich als gelungene Verbindung von Erholung und Erinnerung.

Geschichtspark Ehemaliges Zellengefängnis Moabit · tgl. 8–21 Uhr
Lehrter Str. 5B · 10557 Berlin · Haltestelle: S/U Hauptbahnhof

78 BOOTSSTEGDINNER UND SPREE-TOUR

Wenn das mal nichts Besonderes ist: Erst ein Bootsstegdinner und dann auf einer Oldschool-Jacht rund eine Stunde lang dem Sonnenuntergang entgegenschippern. Diese smarte Spree-Tour können Sie für 98 Euro pro Person in Moabit starten. Ausgedacht hat sich das Ganze Mathias Böhme, dem auch das fest ankernde Restaurantschiff *Patio* gehört. So kann man sich hier auch auf ein erstklassiges 5-Gänge-Überraschungsmenü am Wasser freuen. Böhmes liebevoll restaurierte Motorjacht *Riethoen* ist um 1930 erbaut, hat einen wunderschönen Aufbau aus Teakholz und verfügt über einen kleinen Salon drinnen sowie vier windgeschützte Plätze hinten und sechs auf dem Sonnendeck. So exklusiv und entspannt haben Sie Schloss Bellevue, das Haus der Kulturen der Welt oder den Berliner Dom sicher noch nie gesehen.

Riethoen · Tour ab Saisonstart jeden Mi, Fr sowie auf Anfrage online buchbar
Helgoländer Ufer/Kirchstraße · 10557 Berlin · Tel. 030/40 30 17 00
www.patio-berlin.de/bootstouren/Riethoen · Haltestelle: S Bellevue

VON ALLEM LEID, DAS DIESEN BAU ERFÜLLT, IST UNTER MAUERWERK UND EISENGITTER

RIETHOEN

79 TRENDSPORT: PADELN IN LICHTENBERG

Mit »Padeln« ist nicht etwa das falsch geschriebene Paddeln gemeint, vielmehr handelt es sich dabei um eine dem Tennis ähnliche Sportart, die von Mexiko aus die Welt eroberte und sich inzwischen großer Beliebtheit erfreut. Auch in Berlin kann gepadelt werden.

Eine rasante Mischung aus Tennis und Squash, das ist Padeln. Der ehemalige Tennisprofi Alexander Hillbricht hat die erste Berliner Anlage 2012 in der Nähe des Ostkreuzes eröffnet. Er selbst hat das Padeln in Spanien entdeckt, wo er seine Tennisprofi-Karriere ausklingen ließ und sich dann in den Kopf gesetzt hat, »seine« neue Sportart nach Berlin zu bringen. Seither kann in Lichtenberg auf Out- und Indoor-Plätzen gespielt werden.

Als Erfinder der Sportart gilt der Mexikaner Enrique Corcuera, der Ende der 1960er-Jahre einen Tennisplatz zwischen zwei Häuserwänden anlegte und beide Spielfeldseiten mit einem Maschendrahtzaun abschloss. Die Idee war, die Häuserwände mit ins Spiel einzubeziehen. Corcueras Erfindung wurde rasch kopiert: Padeln hat sich beispielsweise in Spanien, in Argentinien und in seinem Geburtsland Mexiko schon längst ausgebreitet. Auch in den USA greift das Padel-Fieber weit um sich. Von der Lichtenberger Anlage aus gelangte das Rückschlagspiel auch ins übrige Deutschland – inzwischen gibt es deutschlandweit über 40 Padel-Standorte.

Einfach ist das Spiel aber zunächst nicht, probieren Sie es aber trotzdem, denn es macht Spaß! Erst müssen Sie sich daran gewöhnen, die Wände in die vom Tennis bekannte Spielweise einzubeziehen. Auch wenn die Bälle aussehen wie normale Tennisbälle, sind sie deutlich langsamer. Hier liegt auch ein Unterschied zum Squash: Die Schlaggeschwindigkeit ist beim Padeln deutlich niedriger, die Technik steht mehr im Mittelpunkt.

Der Sport aus Mexiko wird in einer Doppelbesetzung pro Mannschaft betrieben. Eine erste, halbstündige Kostprobe im Padeln gibt's für 15 Euro. Auch private Trainerstunden können gebucht werden. Und das Equipment, vom Schläger bis zu den Bällen, können vor Ort geliehen werden.

PadelBerlin · Mo–Fr 15–23.30, Sa, So 9–23.30 Uhr · Wiesenweg 1–4 · 10365 Berlin
Tel. 030/20 25 67 90 · www.padelberlin.de · Haltestelle: U Frankfurter Allee

80 MINIGOLF BEI SCHWARZLICHT

Perfekt für einen Familienausflug: Eine Fantasiereise, gepaart mit einer Partie Minigolf, wird in der Indoor-Schwarzlicht-Minigolfanlage im Görlitzer Park geboten. Und Sie werden sehen: Das ist nicht nur für die Kleinen ein besonderes Erlebnis.

Große und kleine Minigolfer, die in dieser Anlage im Görlitzer Park einen Bahnrekord brechen wollen, brauchen jede Menge Konzentration. Schließlich leuchtet alles um einen herum in schrillen bunten Farben um die Wette: Die fluoreszierende Kulisse ist ein Schauspiel für sich.

Die Anlage in den Kellerräumen des Parkcafés im Görlitzer Park gibt es seit 2010. Gestaltet wurden die Fantasiekulissen von einer Berliner Gruppe namens Sinneswandeln, die sich auf Installationen mit Schwarzlicht speziali-

siert hat. Die Stationen der Minigolfanlage, die 18 Bahnen beherbergt, nehmen den Besucher mit auf eine traumartige Reise: zum Mond und auf den Grund des Meeres, aber auch nach Berlin, wo die Goldelse und ein Stück der Mauer glitzern – es ist also sogar ein bisschen Mini-Sightseeing geboten.

Das intensive Leuchten der Farben ist dabei übrigens den Röhren an der Decke geschuldet, die Licht von einer Wellenlänge ausstrahlen, die der Mensch nicht wahrnehmen kann. Wenn die Strahlen aber auf fluoreszierende Stoffe treffen, lassen sie diese erstrahlen.

Nach der Minigolfpartie oder auch einer Runde Schwarzlicht-Tischtennis können Sie sich im Familiencafé ausruhen. Besser planen Sie Ihren Besuch nicht fürs Wochenende, denn da kann es schon mal sehr voll werden. Reservieren ist Pflicht. Alternativ gibt es auch noch eine Schwarzlicht-Minigolfanlage am Tempelhofer Hafen und eine in Steglitz.

Übrigens: Hier im Underground können Sie auch eine garantiert unvergessliche Kindergeburtstagsparty ausrichten.

Schwarzlicht Minigolf Berlin · Mi, Do, So 15–21, Fr, Sa 15–23 Uhr
Görlitzer Str. 1 · im Görlitzer Park · Haus 1 (Eingang Ecke Skalitzer Str./Görlitzer Str.)
10997 Berlin · Tel. 030/61 62 19 60 ·
Haltestelle: U Görlitzer Bahnhof

81 NATUR-PARK SÜDGELÄNDE

In der vielfältigen Parklandschaft Berlins sticht eine Grünanlage als besonders ursprünglich und wild hervor: der Natur-Park Schöneberger Südgelände. In diesem können Sie bei Ihrem Besuch noch Überbleibsel aus der Dampflok-Ära entdecken.

Ein verwunschener Ort, fast wie im Märchen: Im 18 Hektar großen Natur-Park Schöneberger Südgelände bleibt für Besucher ein kleines Weilchen lang die Zeit stehen. Durch ziemlich dichtes Geäst – dadurch ist es hier auch besonders idyllisch, fast heimelig – können Sie beispielsweise auf dem kleinen Rundweg etwa einen Kilometer lang auf den Spuren der Eisenbahnzeit wandern. Wege und Stege folgen alten Bahngleisen. Schließlich befinden Sie sich auf dem Terrain des früheren Rangierbahnhofs Tempelhof, das sich die Natur quasi wieder »zurückerobert«.

Zur Einkehr: Im Sommer können Sie draußen im wunderschönen Garten des Café Paresüd (Prellerweg 47–49, www.paresued.de) ein Stück Kuchen essen!

Neben dem Wasserturm, der alten Drehscheibe, der Brückenmeisterei, in der sich das Café Paresüd befindet, oder einer Original-Dampflok, die mehr und mehr dem Verfall anheimfällt, machen auch moderne Kunstwerke sowie zahlreiche Graffitis diesen Park zu etwas ganz Besonderem. Seit dem Frühjahr 1999 ist der Park außerdem als Landschafts- und Naturschutzgebiet unter Schutz gestellt. Hier muss man nur mit offenen Augen unterwegs sein, dann kann man 30 Brutvogelarten, 95 Wildbienen- sowie über 350 Pflanzenarten bestaunen.

Das sollten Sie im Natur-Park nicht verpassen: Gerade im Sommer finden zahlreiche Veranstaltungen wie beispielsweise für Kinder der Workshop »Kreatives Recycling« und Führungen wie etwa »Bahnbrechende Natur« oder »Natur am Zug« für ganz besondere Einblicke statt.

Wenn Sie sich in einer Grünanlage hingegen gerne austoben, also spielen, radeln oder skaten möchten, sollten Sie besser den auf der anderen Seite der S-Bahn gelegenen Hans-Baluschek-Park ansteuern.

Natur-Park Schöneberger Südgelände · tgl. 9 Uhr bis Einbruch der Dunkelheit
Prellerweg 47 · 12157 Berlin · Haltestelle: S Priesterweg

82 PICKNICKWIESE UND WEINQUELLE

Ausflugstipp für die Zeit von Mai bis September: Ein Sommerabend auf dem »Rüdi«, wie die Kiezbewohner den Rüdesheimer Platz liebevoll nennen, ist für die Wilmersdorfer Pflichtprogramm, gibt es doch auf dem Platz eine Weinquelle, die nie versiegt, und eine Picknickwiese für alle, die Mahlzeiten im Grünen schätzen.

Die Anwohner kommen mit Kind und Kegel, packen ihr Camping-Equipment aus, lauschen den Straßenmusikanten beim Gitarrespielen, erfreuen sich an den üppigen Blumenbeeten sowie den alten Baumbeständen und genießen guten Wein. Schon seit 1967 sprudelt in den Sommermonaten auf dem Rüdesheimer Platz im Wilmersdorfer Rheingauviertel, das als »Gartenterrassenstadt« um 1910 entstanden ist, der Weinbrunnen, und das grüne Kleinod wird zum Lieblingstreff für die ganze Nachbarschaft. Schließen Sie sich unbedingt an, denn der Rheingauer Weinbrunnen ist eine Institution: Am Ausschank werden Weine und Sekt aus dem Landkreis Rheingau-Taunus angeboten – drei Weingüter bespielen den Brunnen im Wechsel, sodass bei der Verköstigung keine Langeweile aufkommt. Der neubarocke Siegfriedbrunnen, der die westliche Schmalseite dominiert, sorgt beim Weingenuss für heimeliges Hintergrundgeplätscher.

Kommen Sie frühzeitig und sichern Sie sich einen Platz in der untergehenden Sonne, dazu ein Glas Wein in der Hand …

Historischer Hintergrund dieses Ortes: Seit 1972 besteht eine Patenschaft des damaligen Bezirks Wilmersdorf mit dem Landkreis Rheingau-Taunus, seit 1991 eine Partnerschaft. 2001 wurde der gesamte Rüdesheimer Platz mit dem Gustav-Meyer-Preis ausgezeichnet – für die herausragende Pflege der Grünanlagen. Dabei sollten Sie auch einen Blick auf das dunkelgrün lackierte »Café Achteck« werfen, ein altes Herrenpissoir von 1900, das heute als modern gestaltetes WC für Damen und Herren dient.

Tipp: Kommen Sie auch zum Mai- oder Sommerfest auf den Rüdesheimer Platz, beide Feste bieten gemütliches Beisammensein bei bester Unterhaltung und kulinarischen Genüssen und sind unbedingt einen Besuch wert.

Rüdesheimer Platz · 14197 Berlin · Haltestelle: U Rüdesheimer Platz

Rheingauer

83 IM STEGLITZER STADTPARK FLANIEREN

Anders als andere Parks zählt der Steglitzer Stadtpark nicht zu den angesagten Hotspots der Stadt. Dafür kann Ihnen diese Grünanlage etwas anderes bieten: lauschigen Charme, den einst sogar der Schriftsteller Franz Kafka zu schätzen wusste.

Der Stadtpark Steglitz präsentiert auf 17 Hektar eigentlich alles, was ein Park seinen Besuchern bieten sollte. Dennoch zählt er eher zu den unbekannten Grünanlagen der Stadt. Kleine Teiche, belagert von Wasservögeln, ein wunderschöner Rosengarten, Liegewiesen zum Sonnen, Wege zum Flanieren, viele Schatten spendende Bäume, Bänke zum Ausruhen, mittendrin ein Springbrunnen. Der im Park befindliche Hügel wird im Winter zum Rodelhang.

Machen Sie es sich am Fontänen-Teich mit dem Entenhaus gemütlich und beobachten Sie das muntere Treiben der bis zu 50 Enten. Macht den Kopf schnell frei!.

Im Musikpavillon werden im Sommer Konzerte veranstaltet. Und für Familien gibt es gleich mehrere Anlaufstellen wie zum Beispiel die Minigolfanlage, den Bolzplatz, die Jugendverkehrsschule oder einen der vielen Spielplätze. Der schönste, ausgestattet mit Reifenschaukel und Seilbahn, befindet sich übrigens am südlichen Ende des Hauptwegs.

Der Ursprung des Parks liegt in den Jahren 1906 bis 1914, als der damalige Gartendirektor Fritz Zahn und der Gartenbauinspektor Rudolf Korte ihn als Landschaftspark planten und auf ursprünglich sumpfigem Gelände anlegten. Anfang der 1920er-Jahre besuchten ihn sogar Franz Kafka und seine Freundin Dora Diamant. Augen auf beim Spaziergang durch diese grüne Oase: Etwas versteckt in der Nähe des kleinen Teichs finden Sie beispielsweise die *Bacchus*-Figur (1880) des Bildhauers Richard Ohmann. Auch das alte Steglitzer Wappen ist noch an den Laternen im Park zu entdecken.

Eine weitere Empfehlung für all diejenigen, die noch mehr Natur wollen: Vom Stadtpark aus können Sie weiter am Teltowkanal entlangspazieren und Grünanlagen wie den Bäkepark und den Schlosspark Lichterfelde besuchen.

Stadtpark Steglitz · Albrechtstraße · 12167 Berlin
Haltestelle: Bus 282 Steglitzer Damm/Bismarckstraße oder Bus 186 Vionvillestraße

AUSFLUG ZUR KLEINEN BADEWIESE

84

Nicht weit vom Gutspark Neukladow (siehe S. 164) entfernt, liegt, beschattet von hohen Laubbäumen, ein weiterer besonderer Ort, der sich perfekt für eine Entdeckungstour mit der ganzen Familie eignet: die Kleine Badewiese an der Unterhavel in Spandau.

Ein Besuch der Kleinen Badewiese im alten Gatower Ortskern ist so ähnlich wie ein Abstecher ins Freibad – nur weitaus idyllischer und natürlicher.

Die Unterhavel ist eine eiszeitliche Entwässerungsrinne und reicht vom Beginn der Seestrecke südlich der Spreeeinmündung in die Havel im Bezirk Spandau bis zur Landesgrenze im Jungfernsee im Bezirk Steglitz-Zehlendorf. Sie weist ein Gesamtwasservolumen von 60,1 Millionen Kubikmetern und eine Wassertiefe von rund 4,9 Metern auf. Das Wasser selbst kommt aus der Oberhavel und der Spree. Am Ufer der Unterhavel tuckern manchmal Kanadagänse vorbei. Große alte Laubbäume spenden an besonders heißen Tagen wohltuenden Schatten. Weite Wiesenflächen sorgen dafür, dass alle genug Platz haben, dafür gibt es nur wenig Sand. Der Blick schweift über das Wasser hinüber zum Wilmersdorfer Ufer mit dem Grunewald und dem Grunewaldturm (siehe S. 162).

In den Sommermonaten können Sie sich ganz in der Nähe ein Kajak mieten und geruhsam entlang dem Ufer auf der Havel paddel.

Wenn Sie sich stärken möchten, kommt Ihnen das familiäre Restaurant Kleine Badewiese sehr gelegen. Dieses zählt zu den Berliner Institutionen, schließlich ist es schon seit 25 Jahren eine beliebte Anlaufstelle im Sommer. Drinnen ist es urig mit viel Holz und maritimen Accessoires, draußen genießen Sie Biergartenflair. Neben Frühstück und Mittagessen mit Berliner Küche können Sie sich hier Kaffee und Kuchen oder schnell mal ein Eis holen.

Schade: Es handelt sich zwar um eine offizielle EU-Badestelle, doch vom Baden wird wegen der Wasserqualität seit 2011 abgeraten. Das hält uns aber nicht vom Besuch ab. Gehen wir eben nur chillen mit Seeblick.

Kleine Badewiese · April–Ende Dez. Di–So 11–21 Uhr · Am Wiesenhaus 8
14089 Berlin · Tel. 030/362 41 98 · www.kleine-badewiese-gatow.weebly.com
Haltestelle: Bus 134/334/N34/X34 Alt-Gatow

GRÖSSTER SANDKASTEN DER STADT

85

Packen Sie Bagger, Schaufelchen und Eimer ein, und ab geht's zur größten Sandfläche der Stadt! Die Kiesgrube im Grunewald bietet sich aber nicht nur für einen ausgedehnten Familienausflug an. Auch Sonnenanbeter genießen es, ihre Füße im feinen Sand zu verbuddeln.

Jede Menge Zeit sollten Mama und Papa einplanen, wenn sie sich entschließen, zur Kiesgrube im Grunewald, die korrekterweise als »Sandgrube im Jagen 86« bezeichnet wird, zu fahren. Denn der schöne Sand im Übermaß macht Kindern so richtig viel Spaß – schließlich haben sie am Spielplatz um die Ecke nicht annähernd so viel Platz zum Toben und Spielen. Die hügelige Freifläche, die einen Strand im Urlaub auf authentische Weise nachahmt, ist auch perfekt, um alle Viere von sich zu strecken und die Sonne zu genießen.

> Wenn sich Ihnen mitten im Wald eine derartige Szenerie vor Augen öffnet, werden Sie sicher überwältigt davon sein, wie herrlich vielfältig diese Stadt doch ist …

Vermutlich möchten Sie nun wissen, woher diese riesige offene Grube mit insgesamt 3,5 Millionen Kubikmetern Feinsand eigentlich kommt: Sie ging aus einer ehemaligen Kiesgrube hervor, die von 1966 bis 1983 industriell genutzt wurde. Nach dem Abbau des Bausands rief die offene Fläche von ca. 18 Hektar mit einer Tiefe von bis zu 25 Metern Naturschützer auf den Plan. 1992 wurden dann 13 Hektar der Fläche zum Naturschutzgebiet erklärt. Dieses umfasst auch einen kleinen See mit angrenzendem Sumpfgebiet. In dem Erholungsgebiet haben viele seltene Tierarten ihren Lebensraum.

Wenn Sie Glück haben, flattert Ihnen ein hübscher Schmetterling über den Weg, rund 190 Schmetterlingsarten wurden hier gezählt. Wer noch mehr Urlaubsgefühl möchte, besucht nach dem Buddeln den benachbarten Teufelssee. Der kleine Waldsee ist umgeben von einem dichten Baumbestand und lädt mit guter Wasserqualität zum Verweilen und Schwimmen ein.

Kiesgrube im Grunewald · Zugang über den Schildhornweg über drei befestigte Zugänge: im Norden und Süden wurden Rampen installiert, an der nordöstlichen Ecke befindet sich eine Treppe mit 134 Stufen, und ganz im Norden läuft man einfach den breiten Sandabhang hinunter
14193 Berlin · Haltestelle: S Grunewald

86 STRANDTAG AM GRUNEWALDTURM

Im Sommer ein einsamer Strand an glitzerndem Wasser – ja, auch das können Sie in Berlin finden! Fernab von viel zu vollen Badeseen und überfüllten Freibädern breitet sich unterhalb des Grunewaldturms eine kleine Oase direkt am Wasser aus.

Wenn die Temperaturen nach oben klettern, alle Berliner hinaus an den See fahren und es an sämtlichen Stränden kaum mehr ein freies Plätzchen gibt, wünscht man sich oft nur eins: seine Ruhe. Und die finden Sie auch. Unterhalb des Grunewaldturms an der Havelchaussee, die mit rund zehn Kilometern übrigens Berlins längste sowie kurvenreichste Uferstraße (Tempo 30!) ist und früher als West-Berlins Ausflugsziel Nummer eins galt, erstreckt sich nämlich eine kleine, romantische Oase der Entspannung.

Der Grunewaldturm, ein roter Backsteinturm, der auf einer rund vier Meter hohen Plattform zwischen den Bäumen auf dem Karlsberg steht, leuchtet schon von Weitem und weist Ihnen optimal den Weg, um den »geheimen« Strand zu finden. Vom bekannten Aussichtsturm aus nehmen Sie nämlich linker Hand nur ein paar Stufen nach unten, streifen durch den Wald in Richtung Wasser, und schon eröffnet sich Ihnen die hübsche, kleine Bucht mit Sandstrand und Zugang zur Havel – und keine Menschenseele ist da.

Aber Vorsicht: Die Badestelle wird sehr schnell tief! Imbissbuden sucht man hier natürlich vergebens. Packen Sie daher am besten einen großen Picknickkorb oder kehren Sie im Anschluss an den Strandbesuch im großzügigen Biergarten des Restaurants am Grunewaldturm ein, der schön in den Wald eingebettet ist. Den Blick auf die Havel gibt es da auch inklusive, allerdings geht es im Sommer ziemlich voll und laut zu, zählt dieser Ort doch zu den beliebten Ausflugszielen der Berliner.

Wer die Aussichtsplattform des in verspielter Backsteingotik errichteten Grunewaldturms in 36 Metern Höhe über dem Boden und etwa 86 Metern über dem Wasserspiegel der Havel erklimmt, der wird mit einem weiten und beeindruckenden Rundumblick über die Stadt belohnt.

Grunewaldturm · Restaurant Mo–Fr 11–19, Sa, So 11–20 Uhr, Turm Mai–Sept. tgl. 11–20, Okt.–Apr. tgl. 11–16 Uhr · Havelchaussee 61 · 14193 Berlin · www.kaisergarten-grunewald.de · Haltestelle: Bus 218 Grunewaldturm

87 MIT DER BVG-FÄHRE NACH KLADOW

Sonntag, Sonnenschein, beste Bedingungen für einen Ausflug an den Wannsee – doch wer will schon unter Hunderten wie eine Sardine in der Dose im Strandbad Wannsee liegen? Verlockender ist es doch, wenn Sie auf der Fähre der BVG den See queren, um dann auf den Spuren von Bismarck zu wandern und mediterranes Flair zu genießen.

Mit der BVG-Fähre F10, der »MS Wannsee«, Anlegestelle S-Bahnhof Wannsee, schippern Sie quer über den Wannsee nach Alt-Kladow, vorbei am Strandbad Wannsee und der Halbinsel Schwanenwerder rechter Hand sowie der Insel Imchen, auf der Scharen von Vögeln ihre Nester bauen, linker Hand.

Das gelbe Gutshaus am Kladower Ufer ist bereits kurz zu sehen. Die Schifffahrt dauert gute 20 Minuten. Am Ziel angekommen, können Sie an der

Promenade ein Eis schlecken – aber Vorsicht, die Schwäne hier können sehr zutraulich und beinahe aggressiv werden! Ein 15-minütiger Spaziergang über die ruhige Imchenallee führt Sie durch das Gutsparktor, und schon genießen Sie auf der kleinen Anhöhe eine wunderbare Aussicht auf die Havel. Das frühklassizistische Gutshaus Neukladow wacht über diese Idylle, in der sich schnell Italien-Urlaubsflair einstellt.

Planen Sie unbedingt einen Abstecher zur romantischen Pfaueninsel - sie ist es wert. Mehr wird hier noch nicht verraten ...

Das Haus wurde 1800 gebaut und bis 1806 von Otto von Bismarcks Mutter als Wohnsitz genutzt. Zu Beginn des letzten Jahrhunderts traf sich hier in der Villa Luise sonntags regelmäßig die Berliner Kunstszene, darunter Gerhart Hauptmann, Max Slevogt und Max Liebermann. Seit 1995 steht das Gebäude unter Denkmalschutz, seit Juni 2017 serviert hier das Gutshaus Neukladow den Ausflüglern täglich zum perfekten Ausblick Kaffee, Kuchen und mehr. Setzen Sie sich einfach auf eine der roten Bänke über dem Haveluferweg und betrachten Sie all die vorbeigleitenden Segel.

BVG-Fähre F10 · www.bvg.de · Mo–Fr 6–21, Sa 7–21, So 9–21 Uhr (im Winter je bis 19 Uhr)
Haltestelle: S Wannsee · Gutshaus Neukladow · Neukladower Allee 9–12 · 14089 Berlin
www.gutshausneukladow.de

BARFUSSPARK IN DEN BEELITZ-HEILSTÄTTEN

88

Warum nicht mal eine Abenteuersafari für die Füße? Das geht hervorragend im Barfußpark in Beelitz – mit 60 Erlebnisstationen in einem 15 Hektar großen Park ein naturnaher Spaß für die ganze Familie.

Jeder Berliner kennt den Beelitzer Spargel. Die Beelitz-Heilstätten, eine ehemalige Lungenheilanstalt, ist als einer der Brandenburger Lost Places, also als Foto-Hotspot, schlechthin bekannt. Der Baumkronenpfad, der sich auf dem Gelände befindet und mitten durchs Blattwerk stattlicher Laubbäume führt, ist zu Recht sehr beliebt. Ebenfalls auf dem Gelände erstreckt sich der Barfußpark, ein entdeckenswerter Natur-Erlebnis-Park mit insgesamt drei Barfußwegen unterschiedlicher Länge, die flexibel miteinander kombiniert werden können. Die Gesamtlänge beträgt 3,1 Kilometer.

> Haben Sie schon mal einen Baum umarmt? Wenn nicht: Probieren Sie es unbedingt aus! Denn das Gefühl ist unbeschreiblich.

Das Konzept: sich verbunden fühlen mit der Natur und mit dem eigenen Körper – und dabei anderen auf dem gleichen Weg begegnen. Dafür laufen Sie aber nicht nur barfuß auf abgeschliffenen Glasscherben (ja, das piekst schon!), durch nassen Schlamm, glitschigen Lehm oder über verschiedene Arten von Kies. Zusätzlich zu den multisensorischen Pfaden gibt es 68 Erlebnis- und Lernstationen, an denen Kinder wie Erwachsene die Natur und insbesondere auch den umgebenden Wald spielerisch entdecken können. Da ist etwa ein Bäume-Quiz, bei dem es nur durch Ertasten die richtigen zu benennen gilt. Oder ein Summstein. Hierbei steckt man seinen Kopf in ein Loch eines Steins und summt – dieser gibt die Vibration dann an den ganzen Körper weiter. Sie können sich hier gut drei bis vier Stunden aufhalten, der Ausflug soll ja schließlich auch der Entspannung dienen.

Im Anschluss an das »Fußintensivprogramm« können Sie einen Abstecher ins heimelige Parkcafé unternehmen. Gut zu wissen: Packen Sie ein kleines Handtuch für die Füße ein und tragen Sie am besten eine kurze Hose!

Barfußpark Beelitz-Heilstätten · Erwachsene 8,50 Euro, Kinder 6,50 Euro
Mitte April–Anfang Okt. Mo–Fr 10–18, Sa, So 10–19 Uhr · Straße nach Fichtenwalde 13
14547 Beelitz · Tel. 0162/290 99 99 · www.derbarfusspark.de · Haltestelle: Bhf. Beelitz-Heilstätten

89 KIRSCHBLÜTENFEST IN TELTOW

Dafür lohnt sich ein Ausflug an die Stadtgrenze: Auf dem ehemaligen Grenzstreifen zwischen Lichterfelde und Teltow können Sie einmal im Jahr beim Japanischen Kirschblütenfest rund 1000 blühende Bäume bestaunen - ein Naturspektakel der besonderen Art.

Bereits seit fast zwei Jahrzehnten findet es zwischen Lichterfelder Allee, Marienfelder Anger und Teltow-Sigridshorst statt: das Japanische Kirschblütenfest Hanami (= Blütenschau). Zu sehen ist die längste Japanische Kirschbaumallee in Berlin-Brandenburg. Auf eineinhalb Kilometern blühen rund 1000 Japanische Kirschbäume. Und zwar an historischer Stelle: dort, wo einst die Berliner Mauer stand und der Todesstreifen die damalige DDR vom Westteil Berlins trennte. An den jeweiligen Enden der TV-Asahi-Kirschblütenallee befinden sich am Hanami-Festtag zwei Marktplätze mit insgesamt über 30 Ständen für Kulinarik, Spiel und Infos. Musikalisch untermalt wird das Ganze natürlich auch. Außerdem gibt es für die ganze Familie zahlreiche schöne Mitmachangebote. Einzigartig ist aber nicht nur Anblick des rosa Blütenzaubers, sondern auch die Geschichte des Festes: Initiiert wurde die Entstehung der Kirschblütenallee nämlich von dem großen japanischen Fernsehsender TV-Asahi und zwar aufgrund von Japans großer Freude über die Wiedervereinigung Deutschlands am 3. Oktober 1990. Im Zeitraum von 1990 bis 2010 wurden schließlich die vielen Bäume gepflanzt.

Setzen Sie sich auf Ihre mitgebrachte Picknickdecke und bestaunen und genießen Sie das Meer aus rosa Blütenblättern, die sachte auf Ihr Gesicht rieseln.

Heute können Sie sich auf dem Fest fast so fühlen, als wären Sie in Japan, denn viele Menschen verkleiden sich für dieses ganz spezielle Dorffest als Manga- und als Animé-Figuren. Wer nicht zum Fest selbst kommt, der kann übrigens auch entspannt sein privates Hanami erleben – einfach den Besuch diesen Abschnitts des Mauerwegs mal zur Zeit der Kirschblüte einplanen!

Hanami Kirschblütenfest · Eintritt frei · Blüte jährlich Ende April/Anfang Mai Fest 13–18 Uhr · Datum siehe Website · TV-Asahi-Kirschblütenallee Mauerweg · www.hanamifest.org · Haltestelle: S Lichterfelde-Süd

90 FÜR FAMILIEN: ROBIN-HOOD-SPIELPLATZ

Einen entspannten Sonntagnachmittag können Eltern mit ihren Kindern auf dem Spielplatz im Nordpark verbringen, der mit seinen vielen Spielmöglichkeiten den Nachwuchs entzücken wird. Ein Besuch im legendären Sherwood Forest wird ganz schnell Wirklichkeit.

Wenn Ihre Kinder die Burg, die schon von Weitem zu sehen ist, erspähen, werden sie gleich noch einen Schritt schneller gehen: Denn die über 13 000 Quadratmeter große Anlage des Themenparks Robin Hood in der Gartenstadt Rudow-Süd hat alles, was das Kinderherz begehrt, und ist auf jeden Fall die lange Anreise wert. Neben der Burg bieten ein Dorf und der Sherwood Forest genügend Raum für ausgedehnte Ritterspiele. Inmitten von

hohen Bäumen, Büschen und Hecken wollen zahlreiche Stege, Brücken und Türme erobert werden. Über eine Röhrenrutsche geht's ab in den Sand. An heißen Tagen im Sommer ist die abwechslungsreiche Pump- und Wasserlandschaft inklusive Piratenschiff der Hit zum Planschen, um im Sand zu matschen oder sich im kühlen Nass ein wenig zu erfrischen.

Für die Kleinsten gibt es zudem einen separaten Spielbereich mit Figuren aus dem Grimm-Märchen *Hänsel und Gretel*, Schaukeln, einer Rutsche und einem Karussell. Für größere Kinder und Jugendliche sind der BMX-Parcours auf dem Spielhügel sowie ein Sport- und Bolzplatz für Streetball, Volleyball und Tischtennis im Nordpark interessant. Bei Schnee kann der Spielhügel, der dann zum Rodelberg umfunktioniert wird, mit dem Schlitten erklommen werden, um dann in rasanter Fahrt wieder hinunterzurutschen.

Dieser besondere Spielort in Berlin ist besonders geeignet für Kinder von zwei bis zwölf Jahren. Aber auch für die Eltern ist dieser Ort entspannend: Sie können sich auf einer der zahlreichen Bänke oder auf den Wiesen niederlassen und ausruhen, während sich die Kids beim Spielen austoben.

Robin-Hood-Spielplatz · Elfriede-Kuhr-Str. 7 · 12355 Berlin · Haltestelle: Bus 260 Narkauer Weg

91 ABENTEUER AUF DEM SPIELPLATZ WASLALA

Dieser Ort liegt nicht unbedingt so günstig wie der Spielplatz im Kiez, dafür werden die Kinder einen Ausflug zum WASLALA in Altglienicke garantiert lieben – denn auf dem pädagogisch betreuten Spielplatz wird Spaß und Abenteuer groß geschrieben.

Ähnlich wie ein Ausflug aufs Land ist auch ein Besuch des WASLALA für Großstadtkinder: Hier können sie sich schmutzig machen, Gemüse pflanzen, klettern, Schafe füttern, Kaninchen streicheln und toben ohne Ende. Kinder zwischen sechs und 14 Jahren sind eingeladen, hier ihrer Fantasie und Kreativität freien Lauf zu lassen. Kleinkinder müssen von ihren Eltern begleitet werden, während die älteren ehrenamtliche Aufgaben übernehmen dürfen.

Gerade für die Tierfreunde unter den Kids befindet sich auf dem Spielplatz WASLALA das Paradies schlechthin: Anschmiegsame Hasen und Kaninchen wollen gestreichelt werden, zutrauliche Katzen und sogar Ponys verlangen Aufmerksamkeit und Zuwendung, und beim Anblick der Schweine und Ziegen bleibt dem ein oder anderen jugendlichen Abenteurer gelegentlich vor Staunen der Mund offen stehen. Für Kleine mit besonderen Interessen gibt's zwei Bienenvölker und eine Insekten-Nistwand.

Auf kleine Handwerker wartet eine Baufläche, wo genagelt und gehämmert werden darf, was das Zeug hält. Die Kinder bauen hier ihre eigenen Hütten und erlernen so spielerisch den Umgang mit Werkzeug. Zusätzlich veranstaltet das Team aus Pädagogen und ehrenamtlichen Helfern immer wieder Themennachmittage, an denen zum Beispiel gekocht, gebastelt oder mit Lehm modelliert wird. Benannt wurde der Spielplatz und Bauernhof übrigens nach dem gleichnamigen Buch von Giaconda Belli, in dem Waslala den Hoffnungsschimmer in einer erschütterten Welt darstellt.

WASLALA freut sich stets über ehrenamtliche Mithilfe sowie Spenden, denn nur die pädagogische Arbeit wird durch öffentliche Mittel des Bezirksamtes gefördert. Auch eine Tierpatenschaft kann übernommen werden. Der Eintritt zum Abenteuerspielplatz ist kostenlos.

Abenteuerspielplatz WASLALA · Venusstraße/Ecke Birnenweg · 12524 Berlin-Altglienicke
Tel. 030/67 90 93 56 · www.aspwaslala.de · Haltestelle: Bus 164 Venusstraße

Kinderbauernhof
Abenteuerspielplatz
NIMM

FLUSSBADEANSTALT IN KÖPENICK

92

Noch ein Tipp für Sommerausflüge mit der ganzen Familie: die älteste Flussbadeanstalt Berlins in der Gartenstraße in Köpenick. Direkt an der Dahme gelegen, bietet Ihnen dieses Areal Strand, Gastronomie, Sport und sogar Übernachtungsmöglichkeiten in einem.

Ein kinderfreundlicher Strand direkt am Fluss, Sie als Eltern können auf der Terrasse schön Kaffee trinken oder etwas Leckeres essen, und wenn das nicht genügt, machen Sie mit den Kleinen eben noch eine Tour mit einem Kajak oder einem Floß, die zum Ausleihen bereitstehen. Im Flussbad Gartenstraße mit seinem Restaurant Krokodil, das durch sein maritimes und gemütliches Ambiente punktet, wird es so schnell jedenfalls nicht langweilig.

Dieser Ort am Rande des historischen Fischerkietzes hat aber neben seinen landschaftlichen Qualitäten auch eine interessante Geschichte zu erzählen: Schon 1897 wurde hier eine gewerbliche Flussbadeanstalt eröffnet, die 1991 wegen Baufälligkeit wieder geschlossen und abgerissen werden sollte. Doch der gemeinnützige Verein Der Coepenicker e.V. wollte das Gelände unbedingt erhalten, schloss 1992 einen Pachtvertrag mit dem Bezirksamt Köpenick und begann mit der Sanierung. Schon 1993 konnte der Badebetrieb als Jugendzentrum Krokodil mit einer Fahrradwerkstatt und viel Raum zum Spielen wieder aufgenommen werden.

Aus einer ehemaligen Bootswerft und den Baracken des alten Bades ist zudem das Seminar- und Gästehaus Flussbad Gartenstraße entstanden, in dem ab 99 Euro pro Nacht im Doppelzimmer, inkl. Frühstück, übernachtet werden kann. Auch Vierbettzimmer gibt es, ab 129 Euro pro Nacht.

Der Verein dehnte seinen Wirkungsraum noch weiter aus und errichtete zusätzlich ein Ausbildungs- und Medienzentrum in einer ehemaligen Wäscherei von 1900, die nördlich an das Areal angrenzte.

Empfehlenswert: Sonntags gibt es im Restaurant Krokodil einen beliebten Brunch. Das Lokal eignet sich aber auch wunderbar für einen Sundowner.

Krokodil/Flussbad · Fr 17–23, Sa 15–23, So 12–22 Uhr · So und feiertags Brunch ab 11 Uhr
Gartenstr. 46–48 · 12557 Berlin · Tel. 030/65 88 00 94
www.der-coepenicker.de · Haltestelle: S Spindlersfeld

93 WANDERN IN DEN AUEN DES ERPETALS

Wenn Sie ein Wanderfreund sind, wird Ihnen das Erpetal in Köpenick mit seinen weiten Wiesen gefallen. Diese grüne Oase ist eines der wenigen erhaltenen Fließtäler in der Stadt und bietet sich für eine ruhige Entdeckungsreise zwischen Friedrichshagen und Hoppegarten an.

Auf rund zehn Kilometern Strecke können Sie den Großstadtstress ganz schnell hinter sich lassen: Beim Durchstreifen der Landschaft mit ihren wilden Wiesen werden Sie schnell das Gefühl haben, mitten auf dem Land zu sein. Seit 1949 ist das gesamte Erpetal Naturschutzgebiet, seit 1957 Landschaftsschutzgebiet. Entlang des Wanderwegs schlängelt sich das Neuenhagener Mühlenfließ, ein rechter Nebenarm der Spree, der gerne auch als Erpe bezeichnet wird. Das Flüsschen ist ein Überbleibsel der letzten Eiszeit, sein ursprünglicher Lauf wurde zu einer natürlichen Kulturlandschaft umgewandelt. Früher waren im Bachtal auch viele Wassermühlen in Betrieb. Der Spazierweg, auf dem Ihnen nur vereinzelt Touristen begegnen werden, führt Sie zuerst durch einen schönen Laubwald und vorbei an der Heidemühle. Es geht über einige kleine Brücken, durch den alten Dahlwitzer Forst (hier können Sie gut rasten und sich am Anblick des alten Baumbestands erfreuen), über die saftigen Wiesen des Elsengrunds immer entlang der Erpe in Richtung Nordosten. Auf jeden Fall sollten Sie bei Ihrer Wanderung die Natur aufmerksam beobachten: Über 350 Arten wildwachsender Farn- und Blütenpflanzen sowie seltene Vogelarten gehören zum Repertoire des Erpetals. Hier und da schnattern ein Paar Enten. Und für Ausritte ist die Landschaft natürlich geradezu prädestiniert.

An Renntagen sollten Sie bei der populären Galopprennbahn Hoppegarten anhalten – tragen Sie dann noch einen Hut auf dem Kopf, kommt das royale Ascot-Gefühl von ganz allein …

Übrigens: Hier verläuft auch der Europäische Fernwanderweg E 11. Auch wenn Ihnen nicht nach einer großen Wanderung ist, die wilde Landschaftsszenerie im Erpetal ist ein toller Sehnsuchtsort für den Sonntagsspaziergang.

Erpetal · 12587 Berlin · Haltestelle: S Friedrichshagen

EDELRID

EDELRID

HOCH HINAUF IM BERGWERK.BERLIN

94

Für Europas größten Indoor-Hochseilgarten wurde das CineStar-Kino in Hellersdorf einfach halbiert: Auf 14 Parcours kann nun geklettert werden, während in der anderen Hälfte weiterhin Filme laufen.

Wo einst vor der großen Leinwand in kuscheligen Kinosesseln mit den Filmhelden mitgefiebert wurde, darf heute ehrgeizig geklettert werden: In einem Teil der Räume des CineStar-Kinos in der »Hellen Mitte« ist Europas größter Indoor-Hochseilgarten untergebracht.

Das CineStar wurde 1997 als erstes neu gebautes Multiplex in Berlin mit 2700 Sitzplätzen eröffnet. Doch der erhoffte Besucheransturm blieb aus. Heute funktionieren Kino und Abenteuerpark in Hellersdorf einträchtig nebeneinander inklusive cineastisch inspirierter Kletter-Themenwelten. 660 Meter Streckenlänge, 14 Parcours und Höhen bis über 20 Meter erfreuen Kletterfans gerade im Herbst und Winter, wenn sich das Kraxeln unter freiem Himmel als eher unangenehm gestaltet. Doch auch für Besucher ohne Klettererfahrung und ab einem Alter von drei Jahren lohnt sich ein Ausflug ins BergWerk, da es verschiedene Schwierigkeitsstufen für alle Altersklassen gibt. Es darf »unter Tage« oder in geführten Touren geklettert werden, gesichert durch ein weltweit einmaliges Sicherheitssystem, bei dem immer einer der beiden Karabinerhaken in den Sicherheitsseilen verankert ist und nicht gelöst werden kann. Ein Ausflug ins BergWerk ist übrigens auch etwas für die ganze Familie. Für Kinder wurden nämlich zwei spezielle Parcours konzipiert.

Nach dem anstrengenden Klettern bietet sich ein entspannender Kinobesuch an. Dazu gehen Sie einfach nach nebenan.

Die Sicherheitsausrüstung wird Ihnen vor Ort gestellt, nur trittfestes Schuhwerk und bequeme Kleidung sollten Sie selbst mitbringen. Eine Reservierung wird am Wochenende dringend empfohlen! Im Anschluss können Sie noch dem Bistro Lange Schicht im BergWerk einen Besuch abstatten.

BergWerk.Berlin · Okt.–April Mo–Mi 10–20, Di–Do 17–23, Fr 17–24, Sa 15–24, So 11–22 Uhr, Mai–Sept. Mi–Fr 12–19, Sa, So 10–19 Uhr · Stendaler Str. 25/Eingang CineStar 12627 Berlin · Tel. 030/99 27 43 73 · www.bergwerk.berlin · Haltestelle: U Hellersdorf

95 SPAZIERGANG AM FLÜSSCHEN WUHLE

Für Wanderfreunde mit Ausdauer: Am S-Bahnhof Ahrensfelde startet der Wuhletal-Spazierweg. Sie gehen direkt am Wasser entlang, kommen an den Ahrensfelder Felsen, dem Kienberg, der Biesdorfer Höhe und dem Wuhlesee vorbei, bis Sie schließlich Köpenick erreichen.

Das kleine Flüsschen Wuhle entspringt nahe der Stadtgrenze, fließt mitten durch den Berliner Bezirk Marzahn-Hellersdorf und wurde in den letzten Jahren umfassend renaturiert. Auf beiden Seiten der Wuhle wurde ein schöner Wanderweg angelegt, der von Familien mit Kinderwagen, Joggern, Liebespärchen oder Radfahrern gerne genutzt wird.

Insgesamt ist der Weg zwischen Ahrensfelde und Köpenick 15 Kilometer lang, eine Strecke, auf der Ihnen etliche Aussichtsplattformen, einige Bänke zum Ausruhen und Natur pur begegnen. Rund zehn Minuten von der S-Bahnstation Ahrensfelde entfernt, an der Havemannstraße Ecke Kemberger Straße, liegt der kaum zu verfehlende Startpunkt des Wanderwegs, der sogenannte Wuhletalwächter, ein 17,5 Meter hoher Kletterfelsen. Er ist aus 550 Betonplatten ehemaliger Balkone der WBG Marzahn zusammengesetzt. Weiter führt Sie der Wuhletal-Wanderweg vorbei an den Ahrensfelder Bergen, von denen aus Sie eine großartige Aussicht in alle vier Himmelsrichtungen haben, bis zu den Gärten der Welt, dem Kienberg, der Biesdorfer Höhe und dem Wuhlesee. 250 Arten an Farn- und Blütenpflanzen und viele Tierarten gilt es zu entdecken, von denen einige vom Aussterben bedroht sind. Im Sommer umschwirren Sie zahlreiche Schmetterlinge.

Natürlich müssen Sie nicht die gesamte Strecke zurücklegen. Ein- und Ausstieg ist beispielsweise auf halber Wegstrecke an der S- und U-Bahnstation Wuhletal möglich oder am Erholungspark Marzahn. Wenn Ihnen der Spaziergang hingegen zu kurz sein sollte, können Sie danach noch auf anderen Strecken weiterwandern, denn der Wuhletal-Wanderweg schließt im Norden und im Süden an weitere Wege an. Alternativ können Sie auch vom S-Bahnhof Köpenick aus gen Norden starten.

Wuhletal-Wanderweg · Länge: 15,4 Kilometer
Start am S-Bahnhof Ahrensfelde · 12689 Berlin oder S-Bahnhof Köpenick · 12555 Berlin

UDM

BERLIN SUMMT: BIENEN IN DER STADT

96

Eine bisweilen allzu vernachlässigte Seite Berlins steht bei dem Projekt »Berlin summt!« im Fokus: gesunde Lebensräume für die Bienen in der Hauptstadt. Dabei können Einheimische und Touristen kleine Naturoasen an etlichen »prominenten« Orten in Berlin besuchen – und köstlichen Honig gibt es natürlich auch.

Es ist ruhig, die Vögel zwitschern, alles grünt und blüht, und die Bienen summen. So muss Natur sein. Der Tatsache, dass in Deutschland die Honig- und Wildbienen auf dem Rückzug sind und dass gerade in der Großstadt die Aufmerksamkeit für die Tiere zu gering ist, wollten Dr. Corinna Hölzer und Cornelis Hemmer entgegenwirken. So haben sie das Projekt »Berlin summt! Honig von prominenten Dächern Berlins« ins Leben gerufen. Mit dieser Aktion haben die beiden an repräsentativen Standorten Bienenstöcke aufgestellt, die das nützliche Insekt in den Mittelpunkt des Interesses rücken. Besonders prominent sind etwa die Bienen-Standorte am Berliner Dom, auf dem Dach des Deutschen Technikmuseums, beim Planetarium am Insulaner, auf dem Dach der Mensa FU II, der Hauptmensa der Freien Universität, oder auf dem Dach des Rathauses Marzahn-Hellersdorf.

Für die Besichtigung der meisten Bienenstöcke, die von erfahrenen Imkern betreut werden, ist eine Terminvereinbarung notwendig. Dem Treiben der Bienen auf Berlins größter Kirche können Sie aber auch hervorragend beim Kuppelrundgang durch mehrere Fenster zusehen.

Ohne Voranmeldung kann der Interkulturelle Garten in Lichtenberg besucht werden. In diesem 11 000 Quadratmeter großen summenden Paradies können Sie dem Imker nicht nur bei seiner Arbeit über die Schulter schauen, es finden auch etliche Veranstaltungen rund um das Thema Bienen statt. Zudem ist der Garten ein schönes Beispiel für gut funktionierendes Urban Gardening, denn gemeinschaftlich werden hier bereits seit 2006 ökologisches Gemüse, Blumen und Kräuter angebaut.

Interkultureller Garten Lichtenberg · Termine nach Vereinbarung
Liebenwalder Str. 12–18 · 13055 Berlin · www.sozdia.de/Interkultureller-Garten.485.0.html
Haltestelle: Bus 256 Landsberger Allee

97 EIN AUSFLUG ZU DEN WASSERBÜFFELN

Lust auf ein romantisch-wildes Naturschutzgebiet, in dem die grasenden Wasserbüffel praktischerweise die Mähmaschinen ersetzen? Dann sollten Sie das Tegeler Fließtal kennenlernen.

Von der S-Bahn-Haltestelle Waidmannslust gehen Sie noch eine kurze Strecke durch Wohngebiet, bis Sie dann links, abbiegend von der Artemisstraße, »einsteigen« können ins Tegeler Fließ. Hölzerne Stege, fast verwunschen anmutende Pfade, ein kleiner Bach – obwohl noch mitten in der Stadt, fühlt man sich auf einmal ganz weit weg.

Was nebenher mal leise und mal lauter neben den zwar ausgebauten, aber doch sehr natürlich wirkenden, schmalen Wegen vor sich hin plätschert, ist das Gewässer, welches diesem Gebiet seinen Namen gibt: das Tegeler Fließ. Dabei handelt es sich um einen weitestgehend naturbelassenen Bach, der auf seinen ca. 30 Kilometern Länge stets einen sehr niedrigen Wasserpegel behält und schließlich in den Tegeler See mündet. Rund um den Gewässerverlauf wird vielen Lebewesen ein vielfältiger Lebensraum geboten – das Gebiet steht auf nahezu gesamter Fließlänge unter Naturschutz. Von seltenen Vogel- oder Schmetterlingsarten bis hin zum Biber oder Fischotter gibt es daher einiges zu entdecken. Seit Mai 2015 noch mehr, denn seitdem grasen Wasserbüffel in der idyllischen Landschaft, die zu Fuß oder auf dem Fahrrad gut zu erkunden ist. Die Tiere sind kostengünstiger als schweres technisches Gerät, mit dem das Naturschutzgebiet einmal im Jahr gepflegt werden müsste. Die Büffel fungieren sozusagen als natürliche Landschaftsgärtner, die sich im Gegensatz zum gewöhnlichen Hausrind aber auch in Feuchtgebieten, Sümpfen und bewachsenen Flusstälern sehr wohlfühlen.

Wo genau sie sich aufhalten, muss man bei seinem Besuch jedes Mal neu auskundschaften. Ist aber gerade für Kinder definitiv ein sehr spaßiges Unterfangen, zumal es unterwegs viele tolle Kletterbäume gibt. Ein ähnliches Projekt mit Wasserbüffeln als natürliche Mähmaschinen gibt es übrigens auch rund um die Tiefwerder Wiesen in Spandau – ebenfalls einen Ausflug wert.

Wasserbüffel am Tegeler Fließ · Mühlenfeldstraße · 13467 Berlin
http://wasserbueffel.gvb-berlin.de · Haltestelle: S Waidmannslust

DIE DICKE MARIE – EIN BAUM ZUM STAUNEN

98

Sie kennen die Dicke Marie nicht? Dann sollten Sie unbedingt ein baldiges Kennenlernen und damit einen Ausflug nach Reinickendorf einplanen. Denn diese »Frau« ist schon ganz schön alt.

In Reinickendorf sind sowohl der älteste als auch der längste pflanzliche Bewohner Berlins beheimatet: die Dicke Marie und die Lange Lärche.

Da wäre zunächst einmal die »alte Dame« Marie zu erwähnen. Dabei handelt es sich um eine uralte Stieleiche, die ihren Namen, so sagen es zumindest viele Berliner, von den Humboldt-Brüdern bekommen hat. Der Grund für die Namensgebung war, dass dieser riesige Baum die beiden Gelehrten angeblich an ihre dicke Köchin Marie erinnert hatte.

Die Dicke Marie soll im Jahr 1107 gekeimt sein und wäre mit ihren inzwischen mehr als 900 Jahren somit nicht nur der älteste Baum ganz Berlins, sondern sogar älter als die Stadt selbst. Bezüglich ihres ehrwürdigen Alters ist man sich allerdings nicht ganz sicher, dem Durchmesser der Baumseniorin nach wird sie eher auf 400 bis 500 Jahre geschätzt. Die Dicke Marie steht mitten im Grünen nahe des Großen Malchsees und wurde sogar im Juli 2021 als erster Waldbaum zum Nationalerbe-Baum erklärt. In Esoterikerkreisen gilt die Dicke Marie sogar als Kraftort, ein Ort also, von dem besondere positive Erdstrahlungen ausgehen. Und ihren Namen hat sie auch nicht von ungefähr: Ganze 6,65 Meter beträgt ihr Umfang und ihr Durchmesser 2,10 Meter – bei einer Höhe von 26 Metern. Einen herrlichen Kontrast zur Dicken Marie bietet übrigens die sogenannte Lange Lärche, die ebenfalls im Tegeler Forst im Mühlweg, nahe der Konradshöher Straße, wächst. Sie ist zwar nicht ganz so alt wie die Dicke Marie, aber immerhin etwas über 200 Jahre, und hat auch nur einen Umfang von etwa 2,80 Metern. Dafür besitzt sie aber eine imposante Höhe von 43 Metern, was sie zum höchsten Baum Berlins macht.

Besuchen Sie im Anschluss das nahe Schloss Tegel (Humboldt-Schloss). Im Schlosspark, angelegt vom Hauslehrer der Humboldts, befindet sich die Grabstätte der Familie und die 400 Jahre alte Wilhelm-von-Humboldt-Eiche.

Dicke Marie · Schwarzer Weg · 13505 Berlin · Anfahrt: Tegel, entlang des Ufers, hinter dem Restaurant Waldhütte kommt rechts ein Weg, der zur Dicken Marie führt

99 KAMELREITEN VOR DEN TOREN DER STADT

Wenn Sie Ihren Kindern etwas ganz Außergewöhnliches bieten möchten oder einfach selbst mal wieder Lust auf ein kleines Abenteuer haben, dann sei Ihnen ein Ausflug ins Löwenberger Land empfohlen. Dort auf dem Kamelhof Nassenheide können große und kleine Besucher tatsächlich auf Kamelen reiten.

Zugegeben, der Kamelhof Nassenheide von Familie Heidicke liegt nicht gerade zentral: Aber das Erlebnis vor Ort in Nassenheide macht die Anreise via S-Bahnhof Oranienburg und dann weiter mit dem Bus 802 Richtung Löwenberg, Haltestelle Nassenheide-Kirche, wett. Die Attraktion des alten Bauernhofs steht auf der Koppel hinter dem Anwesen: jede Menge stattliche Kamele, davon sind einige ausgebildete Reittiere.

Die Trampeltiere stammen aus den kalten Trockengebieten Zentralasiens und haben ein extrem dickes Winterfell, das sie vor Minustemperaturen schützt. Deshalb macht ihnen die Kälte, die in unseren Breitengraden im Winter normalerweise herrscht, auch nichts aus. Anfassen, Streicheln, Fragen stellen, Bürsten, Riechen, Kuscheln, Lernen und sogar Reiten: Bei einer »Erlebnisstunde Kamel« ist auch für die lieben Kleinen alles erlaubt. Sie können sich auch für den »Camel-Talk – mit dem Kamel auf Du und Du« entscheiden und die stattlichen Tiere ganz vorsichtig kennenlernen. Steht Ihnen der Sinn eher nach einem gemächlichen Ausritt über die Koppeln und Wiesen von Nassenheide, bei dem die Alltagssorgen mit einem Mal ganz weit weg erscheinen, kommen Sie natürlich auch auf Ihre Kosten. Allerdings sollten Sie sich dafür vorab telefonisch einen individuellen Termin geben lassen. Denn normale regelmäßige Öffnungszeiten für unangemeldete Gäste gibt es an diesem idyllischen Ort nicht. Devise des Hofes ist es nämlich, den Besuchern ein individuelles und persönliches Erlebnis zu bieten.

Tipp: Da es auf so einem Bauernhof durchaus Vergnügen bereitet, sich auch mal schön dreckig zu machen, sollten Sie (und Ihre Kinder) nicht die beste Kleidung für diesen Ausflug anziehen.

Kamelhof Nassenheide · individuelle Termine von Mo–So · Am Dorfanger 12
16775 Löwenberger Land · Tel. 0177/301 95 30 · www.kamelhof-nassenheide.de

SEHNSUCHTSORT: DÖBERITZER HEIDE

100

Den Blick in die grenzenlose Weite der Natur schweifen lassen zu können - das ist es, was in der Großstadt oft fehlt. Aber auch dafür gibt es in Berlin Sehnsuchtsorte, an denen das hervorragend möglich ist. Einer davon ist die Döberitzer Heide am westlichen Stadtrand.

Am besten gelangt man dorthin mit dem Auto, aus Berlin-Mitte ist es je nach Verkehrslage ein Weg von rund 30 bis 40 Minuten. Die Gesamtfläche der beeindruckenden, unter Naturschutz stehenden Heide erstreckt sich insgesamt über etwa 5000 Hektar, ein kleiner südlicher Teil gehört zu Potsdam.

Auf dem Areal des ehemaligen Truppenübungsplatzes Döberitz ist auf rund 3600 Hektar – dem 17-Fachen des Großen Tiergarten (!) – ein europaweit einmaliges Wildnisgroßprojekt entstanden: Sielmanns Naturlandschaft Döberitzer Heide. Ein Ort, der sich einfach perfekt zum Seele-baumeln-lassen eignet, egal ob beim Wandern oder Radfahren – oder auch zu Pferde.

Die Wanderwege erstrecken sich auf 55 Kilometern und schlängeln sich durch die unberührte Natur. Hier ist definitiv der Weg das Ziel, so viele außergewöhnliche Biotopen- und Artenvielfalt gilt es unterwegs zu entdecken und zu bestaunen, von Schmetterlingen über Seeadler bis zum Fischotter. Friedlich grasen Wisente und Rothirsche, die von der Heinz Sielmann Stiftung angesiedelt wurden. Sogar Przewalski-Pferde können Sie mit etwas Glück beobachten. Das Einzigartige: Die Wildpferde waren im 20. Jahrhundert außerhalb von Zoos ausgestorben und leben in der Heide wieder frei in der Natur. Gut zu überblicken ist das Gelände vom 85 Meter hohen Aussichtsturm, bei gutem Wetter reicht die Sicht sogar bis zum Fernsehturm.

Die Heide hat übrigens auch ziemlich berühmte Nachbarn: Das Fort Hahneberg und das Olympische Dorf von 1936. Das Fort, das letzte preußische Artilleriefort seiner Art, ist eine alte Festungsruine mit Charme, die man nach Voranmeldung bei einer historischen Führung erleben kann. Fun Fact: Hier wurde auch 2008 der Hollywoodstreifen *Inglourious Basterds* gedreht.

Sielmanns Naturlandschaft Döberitzer Heide · Zur Döberitzer Heide 10
14641 Wustermark/Elstal · www.sielmann-stiftung.de/doeberitzer-heide
Haltestelle: 663 Bus Dallgow-Döberitz, Kieler Straße

Impressum

Verantwortlich: Claudia Hohdorf
Redaktion: Beate Martin
Layout: BUCHFLINK Rüdiger Wagner,
Korrektur 2. Auflage Rudi Stix
Repro: LUDWIG:media
Korrektorat: Rosemarie Elsner
Umschlaggestaltung: Nina Andritzky
Kartografie: Kartographie Huber, Heike Block
Herstellung: Alexander Knoll
Printed in Slovenia by Florjancic

★★★★★

Sind Sie mit diesem Titel zufrieden? Dann würden wir uns über Ihre Weiterempfehlung freuen. Erzählen Sie es im Freundeskreis, berichten Sie Ihrem Buchhändler, oder bewerten Sie bei Onlinekauf. Und wenn Sie Kritik, Korrekturen Aktualisierungen haben, freuen wir uns über Ihre Nachricht an Bruckmann Verlag, Postfach 40 02 09, D-80702 München oder per E-Mail an lektorat@verlagshaus.de.

Unser komplettes Programm finden Sie unter www.bruckmann.de

Alle Angaben dieses Werkes wurden von der Autorin sorgfältig recherchiert und auf den aktuellen Stand gebracht sowie vom Verlag geprüft. Für die Richtigkeit der Angaben kann jedoch keine Haftung übernommen werden. In diesem Buch wird aus Gründen der besseren Lesbarkeit das generische Maskulinum verwendet. Weibliche und anderweitige Geschlechteridentitäten werden dabei ausdrücklich mitgemeint, soweit es für die Aussage erforderlich ist.

Bildnachweis: Alle Bilder des Umschlags und des Innenteils stammen von Tina Gerstung, außer: Sebastian Matthias Weißbach: 45 o., 47, 72/73, 78/79, 92 u., 106 o., 113, 120, 123 o., 127, 129, 134, 139, 140, 152/153, 170/171, 173, 174 o., 177; Tadshikische Teestube: S. 2; Belsazar GmbH/Katja Hiendlmayer: S. 4; Osmans Töchter/Raphael Bruggey (crumbs food content): S. 5; Ben & Bellchen: S. 9 o.; Juliane Spaete: S. 10; mauritius images/Alamy/Eden Breitz S. 12/13; Robert Beyer: S. 14 o.; EstherSuave: S.14 u; AMANO: S. 16 o.; Beth Jennings Photography: S. 16 u.; Wikimedia Commons CC-BY-SA-4.0: S. 18; Oukan/Nils Hasenau: S. 20 (2); Zalando: S. 25; Veist Kleidergeschichten: S. 26; Hafenküche/Malte Jäger: S. 28 (2); teledisko: S. 31; Pfefferhaus/www.Philipp-Haas.com: S. 32; Restaurant Oderberger/Martin Nicholas Kunz: S. 36; California Pops: S. 38; Osmans Töchter/Viktoria Fedirko S. 41 o.; Osmans Töchter/Raphael Bruggey (crumbs food content): S. 41 u.; Michael Petersohn: S. 42; La Case Paulette: Julia Liebisch: S. 48 o., Daniela Roa S. 48 u.; 25hours Hotels: S. 50; Bellwinkel: S. 52 o.; Roman Sebastian Janke: S. 54; Mehlstübchen/Nicole Kamrath: S. 57; Nautilus Hausbootcharter: S. 58; Grand Hyatt Berlin, Club Olympus/Andy Barnes S. 59; Cowshed Spa: S. 61; Sabine Bievor: S. 64 u.; Hotel de Rome: S. 70; Grand Hyatt Berlin, Club Olympus/Gerrit Meier: S. 75 o.; Shutterstock/Africa Studio: S. 75 u.; Klunkerkranich/Julian Nelken: S. 76/77; Ben Buschfeld: S. 80; Nautilus Hausbootcharter: S. 82/83; Finnfloat: S. 85; Gärten der Welt/David Ban: S. 86 o.; Gärten der Welt/Konstantin Börner S. 86 u.; Peter Stumpf/Darek Gontarski: S. 88; Shutterstock/immodium: S. 90; Shutterstock/hanohiki: S. 91; Wikimedia Commons CC-BY-SA-3.0: S. 93 o.; The Wow! Gallery/Christian Kopp: S. 94; silent green Kulturquartier/Katha Mau: S. 97 o.; Studio Galerie Berlin: S. 97 u.; Boros Collection/NOSHE: S. 100; Lippenstiftmuseum: S. 110; Uniic: S. 111; Konrad Kutt: S. 115; Lumen-digital/shutterstock.com: S.116/117; Café Max: S. 118; Shutterstock/photolike: S. 123 u.; kinokompendium.de: S. 124; SDTB/Foto: Arndt: S. 130; Reiner Hausleitner: S. 136/137; himmelbeet: S. 142; Kamelhof/Gabriele Heidicke: S. 143; Malzfabrik/Nils Krüger: S. 145 (2); Michael Becker: S. 146; Riethoen/Silke Rudolph: S. 148 u.; PadelBerlin: S. 151 o.; Shutterstock/FotoAndalucia: S. 151 u.; Der Barfußpark Beelitz-Heilstätten/Karsten Eichhorn: S. 166; Stella Hempel: S. 169; Restaurant und Café Krokodil: S. 174 u.; BergWerk Berlin: S. 178; Holger Piper, Honigmacherei: S. 182o.; Cornelis Hemmer, GreenMediaNet, Berlin: S. 182 u.; lookphotos/travelstock44: S. 186; Fleckschnupphof: S. 189
Umschlag: stock.adobe.com: Bildgigant (Vorderseite), www.anibaltrejo.com (Rückseite)

Die Deutsche Nationalbibliothek verzeichnet diese Publikation in der Deutschen Nationalbibliografie; detaillierte bibliografische Daten sind im Internet über http://dnb.d-nb.de abrufbar.

2. aktualisierte Auflage 2022

ISBN 978-3-7343-2169-6